终结拖延症

成为高效能的行动派

舒 湄◎著

中国纺织出版社有限公司

内 容 提 要

这是一本帮助你战胜拖延、立刻着手行动的小书。作者除了挖掘拖延背后的真相，还分享了以下内容：想要成为高效能的行动派，先要立个不倒的flag，同时要摒弃完美主义观念，先把事情完成，再去要求完美；做事情不要蛮干，努力也要讲究方法，至少要事前思考，分清轻重缓急，化繁为简；虽然我们改变不了时间，但可以科学安排时间，充分利用空闲时间，把时间和精力用在最重要的事情上；拖延是持久战，正面情绪的力量不可忽视，及时褒奖自己，通过设置合理期望值减少负面体验都能有效唤醒积极高效的自己。即使你是重度拖延症，本书也能帮助你先从小的事情着手行动起来。

图书在版编目（CIP）数据

终结拖延症：成为高效能的行动派 / 舒湄著. —北京：中国纺织出版社有限公司，2020.1（2024.4重印）

ISBN 978-7-5180-6752-7

Ⅰ.①终… Ⅱ.①舒… Ⅲ.①时间—管理—通俗读物 Ⅳ.①C935-49

中国版本图书馆CIP数据核字（2019）第219228号

责任编辑：郝珊珊　　责任印制：储志伟

中国纺织出版社有限公司出版发行

地址：北京市朝阳区百子湾东里A407号楼　邮政编码：100124

销售电话：010-64168110　传真：010-64168231

http：//www.c-textilep.com

E-mail：faxing@c-textilep.com

中国纺织出版社天猫旗舰店

官方微博http：//weibo.com/2119887771

北京一鑫印务有限责任公司印刷　各地新华书店经销

2020年1月第1版　2024年4月第3次印刷

开本：880×1230　1/32　印张：6

字数：268千字　定价：39.80元

前言

学生时代，老师布置完成的作业，总想着留在周日晚上做，结果却拖延到了周一早上；身在职场，明明工作时间就能搞定的任务，非得加班加点赶工；周末在家，想彻底打扫一下卫生，却懒懒地窝在沙发上玩手机，不肯动弹……这样的场景，是不是很熟悉？

塞缪尔·约翰逊（Samuel Johnson）说过："我们一直推迟我们知道最终无法逃避的事情，这样的蠢行是一个普遍的人性弱点，它或多或少都盘踞在每个人的心灵之中。"

有人针对拖延问题进行过调查，结果显示：大概70%的大学生存在不同程度的拖延行为，其中有超过50%的人自称拖延行为已经习惯化；有25%的成年人有着慢性拖延问题。在这些调查对象中，有95%的人希望有办法能够减轻他们的拖延恶习。

可见，拖延存在于生活中每一处，存在于各类人身上，与年龄、身份、地位毫无关系。但无论是谁，沾染了拖延，都会饱受焦虑、愧疚、烦躁、不安等情绪的折磨。曾有人说，拖延等于死亡。这绝不是危言耸听，拖延本身不可怕，怕的就是拖延过后产生的负罪感、焦灼感，它会慢慢消磨人的心智，让人倍感煎熬，悔恨不已。

拖延，不都是因为懒，懒只是其中的一个因素。每一个拖延者，都有其深层次的心理原因；每一次拖延，都可能与前一次的症结不一样。

本书的意义在于，能够帮助所有饱受拖延困扰的读者，了解拖延产生的心理原因，觉察到自己“这一次”拖延的根源在哪儿？然后，再针对相应的问题，及时找到解决办法。在解决掉即时问题的同时，本书还系统地介绍了如何从不同角度减少拖延的发生，让读者养成不拖沓、行动力强的习惯。

真心希望，每一位朋友都能够从此书中有所收获，与自己的内心和解，找回行动的力量，活在当下，抓住现在，实现高效率地工作，拥有高质量的生活。

目录

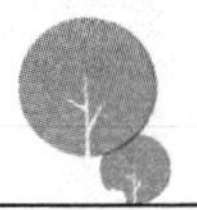

Chapter1

拖延背后的真相：你到底在『躲』什么？

01.拖延的事情里，往往夹杂着不喜欢

你有没有过这样的体验：在某些时候，特别不愿意去做一件事？

比如，熬夜学习或加班到很晚，第二天还得早起，不想离开温暖的被窝？再如，老板给你安排了一项你不擅长的工作，你心里没底，不太想做？或者年会将至，让你上台表演节目，你感到很为难？

对姑娘A来说，她现阶段最讨厌的事情，应该就是写推送。

这件事的开端，还得追溯到几个月前和朋友的那通电话。

某个深夜，姑娘A和朋友深夜煲着电话粥，聊到赚钱的问题上，朋友告诉她做公众号也可以盈利，每天写些稿件发布平台就行。于是，A花了两个小时注册了一个公众号，准备小试牛刀。

A姑娘最开始的目标是每日更新，这个目标结果成了她的一块“心病”，让她愈发感到力不从心。推出一篇文章，要占用她太多时间，需要处理一系列的烦琐事情：要随时在关注网上的热点新闻，选择热点主题，搜集素材，接下来是构思框架，然后花两个小时开始打开编辑器码字，写完后最终还得花上一个小时字斟句酌的修改内容。有时候，和朋友在网上聊着天，忽然萌发一个灵感都得记录下来。

所以，一想到每天都得写推送，A姑娘就有点儿郁郁不乐，也会不自觉地拖延。

一天中午，A姑娘正准备写当天的推送，朋友发微信约她出门逛街，她琢磨着，要不先和朋友出去逛逛，回来再写也不迟?

傍晚，A逛街回来了，躺在沙发上点一份了外卖，就开心地试穿逛街买回来的裙子。不一会外卖到了，A拿回外卖开始吃饭，想起推送还没写，不过还是决定先吃饭。吃完后已经快八点了，看到一条微博推送，于是她开始逛起了微博。

其实，在逛微博的过程中，A的心里隐隐地有些焦虑。

时针指向九点的时候，她突然意识到，自己把推送从中午拖延到了晚上九点了，瘫在沙发上的自己，依旧不想起身，自己又犯了拖延症！脑海中的声音不断催促A“起身吧，主题都已经定好了”，一阵挣扎过后，A终于放下手机去写推送了。

那天，A姑娘手忙脚乱，洗漱完毕后已是凌晨一点。

那天以后，A决定不再这样折磨自己，把每日更新的要求换成了一周推送两次。这样一来，就可以把推送任务分解来做。前一天定主题写初稿，第二天修改稿子发推送，然后定后一天的主题。这样做起事情来，A发现轻松了很多，也不太抗拒写推送的任务了。

我们常常会听到这样的声音：“我不想做这个工作，太难了。”“这个工作步骤太烦琐了，一天肯定做不完，明天再说吧。”这些话语明显表现出人们对抗不喜欢的工作时既焦虑又厌恶的心情。往往在这个时候，拖延就会冒出来。

从心理学上讲，这种逃避现实的行为被称为“鸵鸟效应”，就像鸵鸟那样，在遇到危险的时候，会把头埋进沙子里，以为自己看不见就是安全了。人，为了躲避不喜欢的工作，明明知道问题必须得解决，也常常会采取刻意回避的态度，而拖延就是这一态度的外在表现。

设计师小落，早上刚到公司就被老板批评了。老板说小落整天都苦丧着脸，影响工作的氛围。被老板批评过的小落正神游着，“周五的那个图画好了嘛，最好今天就交过来”，走到门口的老板对她吩咐道。

老板的这句话，把她惊醒了。这下完了！那张图到现在还没画好。本来决定在周末完成的，结果和朋友出门玩到很晚才回家，回家倒床就睡根本忘了这件事情。其实，并非小落的健忘和没时间导致了这次失误，真相另有他因。

在公司干了一年了，小落渐渐地对这份工作产生了厌倦。当初找工作时，她渴望能把想法融入设计上，但小落现在每天的工作就是把老板的设计构想画出来，她觉得这些工作太无趣了，所以经常把任务留在Deadline的前一天晚上做。这下完了，弄了一个火烧眉毛。老板一走，小落立刻开始赶任务，整个人都处在焦头烂额中。

马克·吐温说过：“每天早上先把最恼人、最讨厌、最大的事情解决掉，那样一天之中你就不再需要烦恼那件事情，我们常常会有鸵鸟心态，把恼人的事情留在后面处理，但那样反而会让我们无法专注地处理其他事情。”

把一天中最讨厌的事情拖延到最后，会影响整天的心情；把工作上最讨厌的任务拖延到最后，影响的不仅是心情，还有工作质量。倘若无法避免与讨厌的事情相处，那么对于那些不喜欢的事情，不妨大气地接受，然后像升级打怪般，静下心来，逐一完成。

当然，你也无须强迫自己，一次性完美地完成一个大项目。学会把整个任务看作一棵待修剪的树，先修理好它的小枝丫，在一点点行动中寻找能够打败负面情绪的充实感和快乐，让最初的厌烦逐渐转化成喜悦和成就感。

话说回来，这个世上怎么可能每件事情都合人心意呢？既然避免不了要遇到讨厌的事，那就从心底缓和那些强硬的态度，留充裕的时间去和自己讨厌的事情慢慢和解，那种状态会比把事情拖延到deadline，最后胡乱交出一份糟糕的成绩好很多。

02.不敢去接受挑战，故而选择了拖延

周末早上，沫沫坐在客厅里发呆，一句话不说，整个人散发着颓靡的气息。

和沫沫一起合租的室友在屋子里进进出出忙个不停，扫地、拖地、擦桌子，还用音响大声放着周杰伦的《彩虹》。室友不太明白：为什么这么美好的周末，沫沫一大早就蔫头耷脑？而沫沫看着哼着歌开心地挥动拖把的室友，情绪有些被感染，但还是闷闷不乐。

“你现在哭丧着脸，很像失恋。换一件衣服，我们待会出门去看电影？”室友提议说。

“我没心思出门，我明天要交的一份策划还没做出来呢。”沫沫回应道。

“明天就要交？那你趁着现在有时间快点去做啊，还坐在这里发呆干嘛？”

“我也知道时间很紧。其实，我从昨天晚上就想动手去做，可就是动不起来。”

“为什么动不起来，你到底想不想和我去看电影？”

看着室友快生气了，沫沫说出了自己的心声：“那份策划案是之前已经做好了的，结果客户不满意，改来改去都好几次了，整篇策划几乎

像重写了一遍，最后还是被打回来了。我现在看着那篇策划就头疼，脑细胞快死光了，不知道怎么改好这篇策划案。本来昨天晚上想去做，可我心理压力太大了……”沫沫越说越沮丧，唉声叹气的。

有些问题，压在心里时很痛苦，一旦说出来，反而变得轻松了。发泄完后的沫沫，情绪平静了很多。她知道，这是自己的工作，再难也得去做。打开电脑之后，沫沫暗暗给自己打气：“这次一定行，慢慢来……”在自我勉励中，时间过得很快，沫沫的策划案也接近尾声。

其实，沫沫原本打算在前一天晚上就做好策划案，为何会拖延到第二天早上呢?

2007年，加拿大卡尔加里大学的教授发现，人们拖延行为的产生与恐惧有一定的关联。

两年后，也就是2009年，卡尔顿大学的提摩西・A.派切尔教授带领两位研究生通过研究验证证明：导致拖延症的恐惧是多方面的，有人是因为缺乏信心而拖延；有人是害怕表现不好丢脸、伤自尊而拖延；还有人则是害怕自己失败了，会让自己最在意的人失望，所以才拖延。

沫沫的拖延行为，就是因为内心存在恐惧。她害怕交不出一份满意的策划案，让客户和老板失望，因而在潜意识的作用下，她才会把工作往后拖。

做业务的S，一大早接到上司的电话，让她两天后递交一份市场分析报告。S很清楚这件事的重要性，这直接关系到上司对她看法，也是对她能力的考核。不过，S以前从来没做过这方面的工作，对数据不太敏感的她，知道需要搜集大量的资料和数据时，心里很慌，因为这是一个不小的挑战。

她想了想，决定先把这事放着一下，上午先去见客户，下午再来做。结果，中午跟客户一起吃饭，回来时已经下午三点了。S有点着急了，那份市场分析报告怎么办？得收集大量的数据，得分析产品的优劣势，还得做表格……“要不第二天再做吧？现在思绪也有点乱，反正还有一天时间”，S的脑海中冒出这样的想法。与此同时，又有另一个声音说：“你不能再拖拉了，这关乎老板对你的评价！”

终于，S还是决定，当即就去做这件事。真正开始了行动，S深吐了一口气，整个人都变得轻盈了。内心的害怕和焦虑，也逐渐烟消云散。

个体长时间处于舒适区内，心理抗压能力的阈值会变得很低。或许，你我都曾有过像沫沫和S那样的境况，在面对外界的压力和稍有挑战性的工作时，会不由自主地感到焦虑：这件事情太具挑战性了，万一失败了怎么办?

如果一直害怕承担失败带来的后果，那么这项具有挑战性的工作，永远都无法开始。因为害怕失败，内心的恐惧会逐渐转化为焦虑，导致拖延。如果摒弃对失败的恐惧，踏出第一步，拖延带来的焦虑和对失败的恐惧，将逐渐转化为成就感。

尼采说过：“世间之恶的3/4,皆出自恐惧。是恐惧让你对过去经历的事苦恼，然后惧怕未来即将发生的事。” 实际上，如果我们不去预料失败后的情况，只把握好当下，开始做自己需要做的事情，尝试着从焦虑中迈出第一步，安慰自己说“你可以，你能行”，心中所恐惧的困难就会被自信和行动一点点稀释溶解。

人本主义心理学家罗杰斯曾说过一句很受用的话：“我，是一切体验的总和”。失败怕什么？失败是人生体验的一部分，也是成功的必经历程。

03.习惯性的担忧，会断送所有的开始

拖延的人，除了要饱受时间紧迫、焦头烂额的折磨，还要面对迷茫困惑的忧虑。对于迷茫的问题，杨绛先生说过一句话，很有鞭策意义：“你的问题在于，读书太少而想得太多。”

达浪是一个满怀斗志的青年，进公司的那一天下定决心要好好工作，闯出一番天地。

前几天，公司接到一个大单，老板当然很重视这件事情，为此还开了一个会议。在会上，老板强调，这是双方的第一次合作，大家得认真对待这个项目。达浪铭记着自己的初心，这两年在公司做事非常用心，加上达浪本身也很聪明，他的成绩大家有目共睹。

老板要求达浪负责主要设计工作，全力配合创意文案工作，务必在规定期限内做出一套完美的设计图。达浪不敢怠慢，整天冥思苦想，希望能交出一幅让大家对自己刮目相看的作品。不过，一个星期过后，达浪还没完成大概的构图。其实这一个星期以来，他并非没有任何灵感，相反，达浪想出的很多个切入角度都被自己pass掉了。

“按照这个角度设计出来的作品客户不满意怎么办？那样设计似乎更贴近文案，但是若老板认为没有创意怎么办？”达浪的脑子里萦绕着各种各样的问题，他想如果发生了这些事情，那他所做的努力将功亏一篑了。

就这样，达浪在焦虑和犹豫中浪费了一个星期的时间，设计图几乎是一张白纸。眼看最后期限一天天地逼近，达浪明白，再继续犹豫拖拉下去，这项工作将毁在自己手上。

为什么能力很强的达浪，对待工作会如此拖拉？

有研究表明，人们常常会对未知事物产生恐惧。我们周围存在太多不可预料、不确定的因素，这些都会影响我们的判断。比如，在工作中，不知道自己是否能把某个项目做好？因为害怕犯错而不敢尝试某一挑战，或无法预料自己按这个思路做出来的方案，老板是否会满意？所以，在潜意识里，我们就因恐惧产生了拖延。

在达浪的心里，存在一套自己的假设：我做的事情直接反应我的能力；我的能力决定了我作为员工所具有的价值；若任务失败，我就不能为公司带来价值。他希望能把设计图做到最好，但是又一直停留在对未知事物的幻想中。

生活中，有许多人有着和达浪类似的情况。

小李和小王合资开了一家饭店，在分工的时候，小李主要负责资金，小王负责贡献自己的管理经验，收益两人平分，为饭店各司其职。经营了几年后，在小王的管理下，饭店生意越来越红火，已经达到可以开连锁店的程度了。当小王和小李提议进一步扩大饭店规模时，小李并不开心，反而每次都眉头紧锁，闷闷不乐。

原来，小李是害怕饭店扩大规模后出现的一系列问题：谁来负责招募新员工？万一资金运转不过来怎么办？万一生意没有以前红火怎么

办？最重要的是，如果业务扩大、拥有更多资金后，小王从饭店脱离出去，自己发展事业……想到这些，小李就会忧虑。

还有一个女孩，前一年高考落榜，又重新准备复读，她内心充满了恐惧：万一这次要是再失败，该怎么面对父母？会不会让他们感到很失望？会不会被周围的同学嘲笑？她陷入了极度焦虑的境地，脑海里不断出现别人对她感到失望的画面：准备得不好；头脑不够聪明；父母失望的神情……虽然这些事情还未发生，却已经给她造成了极大的困扰，女孩开始在学习上拖拖拉拉。

对未知事物的恐惧，往往会让我们产生过多的设想和焦虑。其实，“恐惧”和“焦虑”多半都是心理上的因素在作祟，一旦我们学会直面自我，建立了强大的内心，会发现其实那些让我们感到恐惧的事物，不过都是自己吓唬自己罢了。

从心理学角度来讲，人前进的动力主要来自对未来的期待和成功的愉悦感，如果不能打败内心的恐惧，失去了前进的动力，结果就是长期困于失败的圈子里，终日自我怀疑。

杞人忧天的故事大家都听过，我们可能会笑话那个思虑过多的杞人，因为大家明白，对未发生的事情过度的焦虑，会消耗原本有限的精力。在有期限的时间里，把过多的时间和精力耗费在尚未发生的事情之上，就没有气力再去完成重要的工作，得不偿失。

人生如逆水行舟，不进则退。克服不必要的恐惧，不去假设太多，会走得更轻松。

04.不是想拖延，是想把一切做到完美

生活中，有些人在做事情时，一直要求做到最好，期望达到完美的状态。

最近，公司联合同行中的其他几家公司，打算共同举办一次“创意之星”活动，并选派了公司的一位前辈和茉莉作为主要负责人。

茉莉想：“既然老板如此重视自己，肯定不能让他失望”。活动安排在下个星期五举行，也就是说，茉莉必须得在这七天里用业余时间来完成一部满意的作品。

茉莉和前辈商量之后，决定做一个走治愈路线的广告。周五下班回家，茉莉吃完晚餐就开始坐在电脑前捣鼓，收集了各种各样的资料。第二天晚上，她把前一天收集的资料整理好、打印装订。第三天晚上，茉莉开始琢磨资料。看了几页之后，她脑海中忽然冒出另一个想法，就赶紧开始去找以前那个方案的相关资料。最后，茉莉决定把最初的想法换成这个“更新颖”的创意。第四天，茉莉工作太忙，没顾得上这个项目。第五天晚上，茉莉的方案写到一半，突然发现这个案子走治愈温情路线，逻辑上不太行得通。

茉莉心急如焚，活动还有两天就要开始了，但她还是pass掉了这个方案，又熬夜重新整理了资料。第六天准备利用上班时间写方案的茉

莉，被通知去开会。会议结束后，又得处理当天工作上的事情，所以方案只好拖到晚上。

最后匆忙地赶方案的时候，她发现自己根本没有一个系统而完整的思路。熬夜到深夜，也只是草草地做出来一份创意书。茉莉觉得，自己做的东西距离她当初设想的完美方案，差着十万八千里。

明明有充足的时间，为什么会这样？反思自己的时候，茉莉意识到了问题所在。每个人都希望把工作做到最好，但不得不承认的是，过于追求完美，为了完善工作的某个细小环节，耗费过多的时间，不能容忍丝毫瑕疵，就会变得行动缓慢。

有一位伟大的雕刻家，才华横溢，技艺非凡，但凡是他雕刻的雕像，若和实体放在一起，能够以假乱真，都令人难以区分到底是哪个真人，哪个是雕像。

有一天，一位算命先生告诉雕刻家，他大限将至。雕刻家听闻此，悲痛欲绝，虽说他才能出众，但他也是个凡人，他和芸芸众生一样，内心无比地惧怕死亡。在接下来的日子里，他尽心地思索，希望有一个办法能帮自己逃避死亡。最后，他做了十一个自己的雕像，当死神降临的时候，他藏在那十一个雕像之间，屏住了呼吸。

死神无法相信自己的眼睛，面对着眼前十二个一模一样的人，该带走哪一个呢？死神来到上帝面前，询问上帝："为什么会有十二个完全一样的人？我该如何作选择？"

上帝着把死神叫到身旁，与他耳语一阵，告诉了死神区别真人和另外十一个雕像的暗号，死神对此将信将疑，但还是决定试一试。

他进入十二座雕像所在的房间，他向四周看了看，然后说出“暗号”：“先生，一切都非常地完美，只有一件小事例外。你做得非常好，只可惜，还是让我看到了一个小小的瑕疵。”

雕刻家完全忘记了自己躲起来的事，跳出来问：“什么瑕疵？”

死神大笑着说：“这就是瑕疵——你无法忘记你自己。天堂里都没有完美的东西，更何况人间？别白费力气了，跟我走吧！”

没错，天堂里都没有完美的东西，更何况人间呢？世间没有任何事物是十全十美的，非要把一件事情一次性做到完美无缺，也是不现实的。如果都像茉莉那般，渴望拥有丰富的素材填充方案、又不断找寻着更好的创意、不容忍自己的作品有任何瑕疵，最终就会因为不断改变想法而拖延，上演“捡了芝麻丢了西瓜”的剧目。

适度地追求完美无可非议，若达到吹毛求疵的地步，无法接受一点瑕疵，就没必要了。那些微不足道的瑕疵，只要不妨碍重要事项的顺利进展，大可允许它存在。先把事情完成，再去雕琢细节，更容易接近完美。

05.心情不好的时候，什么都做不了

成功学大师拿破仑·希尔说过：“人与人之间只有很小的差异，但是这种很小的差异却可以造成巨大的差异。很小的差异就是所具备的心态是积极的还是消极的，巨大的差异就是成功或失败。”

每个人都会有情绪不佳的时候，面对消极的情绪，有人能很好地控制它，有人则被坏情绪牵着鼻子走。最明显的表现就是，在被坏情绪打扰一通后，无心工作。接手任何的事务，执行力都会变得缓慢，拖拖拉拉。

在会议上，老板给小易安排了一项工作，还给出了具体的工作计划。小易根本不赞成这个计划，无奈又不敢说出自己的真实想法，抵触的情绪瞬间就冒了上来。小易从小到大都是这样，有任何一件事情不合他的心意，他就立马变脸生气。但职场容不得“少爷”脾气，就算有不满，他也不敢在老板面前耍小性，只好自己去慢慢消化那些情绪。

回到办公室座位的时候，小易一个人生着闷气。同事们都在争分夺秒埋头忙着自己的事，没有人留意到小易的变化。因为心情不好，小易根本提不起工作的兴致，望着办公桌上的盆栽神游了几分钟，又起身给自己泡了一杯花茶，“或许茶香可以缓和我糟糕的心情”，小易这样想着。再次坐下来的时候，小易看了一眼便签和日历，发现四天后就情人

节了，还没给女朋友买礼物，他又开始在网上看各类送女友礼品的帖子。

收拾好桌面，准备进入工作状态，办公室忽然嘈杂起来。同事小夏问坐在她对面的同事："亲爱的，中午吃什么呢？"这一句话也打开了其他人的话匣子。同事们的说话声，吵得小易心烦意乱，嘈杂的声音又让他无法静下心来。

第二天下午，老板的秘书找小易要任务结果，但小易的任务根本没完成。原来，这两天小易又和女朋友闹矛盾了，整个人都不在状态。

希腊先哲埃比提德曾说："骚扰我们的是我们对事物的意识，而不是事物本身。"

的确，影响工作质量的不是工作本身的难度，而是坏情绪和其他的因素，比如和同事闹了不愉快、和亲人朋友吵架或者遇到了一些糟心的麻烦，都会带偏我们的情绪，搅得人心烦意乱，满心浮躁。越浮躁，越静不下心；越静不下心，越无法做事。

周日下午，楠楠准备和朋友出去参加一场沙龙学习活动。结果，楠楠妈妈打来电话，和楠楠述说着亲戚之间的家长里短。楠楠不想听，就说了两句不太好听的话。没想到，惹得妈妈生气了，认为自己的女儿不懂事，不体贴，两人最后大吵了一架。

到了与朋友约定的时间，情绪低落的楠楠拖拖拉拉十几分钟后，还是不想出门，只好如实和朋友解释，取消了这次出行。

在坏情绪占据上风时，本来应该在规定时间内完成的那些工作或是期待已久的计划，都会被打乱，顺理成章地被拖延。即便是必须完成的工作，也是拖到最后期限，急匆匆地敷衍了事。面对这样的拖延行为，还会把它“合理化”：“我不是故意磨蹭，我只是心情不好。”

消极的坏情绪，看似是由不开心的事情引发，但实际上往往是我们自己的选择。遇到不愉快的事情时，尽量让自己冷静下来，如果可以，尽快脱离那个干扰自己情绪的圈子。如果由着自己的坏情绪来，需要花更长的时间恢复平静，只会把工作和计划拖延得更久。很多时候，如果能减少坏情绪的发生频率，就相当于扼住了拖延的脖子。

06.被逼到最后一刻，才能激发出动力

作者柏邦妮记录过自己这样的感受："经过无聊的7小时剧本后，分秒必争地赶回家，编辑们全体在等着我的封面文章，趴在电脑前一口气写够5000才作罢……时间紧迫往往逼得我才思泉涌。"

生活中，很多人都和柏邦妮有着同样的感受：将工作拖至最后，在剩下的几个小时内，加班加点，反而能聚精会神，产出高效率。

美国特拉州大学的心理学家们，在研究人们产生拖延的心理原因时，提出了一个名词：寻求刺激。他们认为，当人们在高压下做事时，肾上腺素会上升，能给他们带来刺激。所以，有些人很享受拖延带来的劣质快感。

某公司的数据统计员Z，她的工作周期制度是每个月做四次数据统计。换句话说，每个周末来临前，Z必须得统计好这一个星期的数据。Z最喜欢周一，当同事们都绷紧神经投入工作时，她比较悠闲，因为还有五天时间来统计数据。

就这样，在每个星期的前几天，她总是悠悠地去做其他的事情，觉得这种工作方式很轻松。可是，到了周五，同事们的工作任务轻松不少时，Z需要整理几个部门整个星期的数据。往往到这时，她才意识到时间转瞬即逝，必须要熬夜干活，踩着时间的最后节点完成手里的工作。

最后，再暗暗感叹自己是一个“天才”。

关于这种心理，牛津大学朱克曼教授说：“你一次又一次地推迟完成任务，直到越来越接近最后期限，你错误地认为，这是最好的完成任务的方法。在推迟任务时，你所经历的任何一种情感上的满足并不是你继续拖延的动机所在。相反，你所经历的‘刺激’感是在时间所剩不多的情况下，匆忙赶工产生的一种焦虑感，这种情感是拖延产生的结果，而非原因。”

我们总将拖延本身变成一种压力，认为压力才最终成为前进的动力。但心理学家发现：虽然紧迫感会带来一定的工作效率，事情被拖到最后也自然地面对了巨大的压力，但在这样的压力之下做事，不但会消耗我们更多的心理能量，还很容易引发焦虑。以这样的方式完成工作后，会让人筋疲力尽。

艾瑞克是一家外企的市场部经理，他的工作直接或间接地影响市场部乃至全公司的的业务，在平常总是忙得不可开交，甚至找不到时间度假，工作永远做不完。后来，他接受了一位效率专家的建议，时间变宽裕了很多。

艾瑞克说：“我每周工作50~55个小时的日子已经一去不复返了，现在我也不需要把工作带回家做。甚至，每天完成与过去同样的工作任务，还能余出一个小时。我使用的最重要的方法就是每天制订工作计划，把工作按重要性依次排序。过去工作，习惯先做简单容易的事情，把最难做的重要的事情放在后面，或者是想利用许多零碎的时间解决。

现在，每天一定用整块空白时间先做最重要的事情，依次做第二项第三项，不重要的事情留在最后。把最困难的事情最先完成，避免了拖延情况的发生，少了不安和焦虑。”

艾瑞克节省时间的方法，就是立即处理，拒绝拖延。一味地放纵自己的拖延，享受拖延带来的负面快感，当有一天大脑和身体承受不起这种刺激的时候，就很难再成为“正常”行列中的一员。学学艾瑞克的方法，把每天要做的事情按条例列出来，踏踏实实地工作。今日事，今日毕，不只是一句格言。

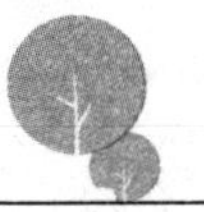

Chapter2

振作起来吧，先立个不倒的旗帜！

01.不接地气的目标，只会让人怀疑自己

周星驰在电影里说："做人如果没有梦想，跟咸鱼有什么区别？"

这句话被大学生艾丽挂在嘴边，因为她最近作了一个重大决定——减肥！

和男友出门逛街，在街上男朋友当她面夸奖一个穿吊带长裙的瘦高女孩身材好，顺便开玩笑似地"嘲笑"了艾丽的身材。于是，艾丽一回去便立下目标——30天内瘦20斤！

不到一个晚上，艾丽便出炉了她的减肥大计，其中包括每天跑个五公里。

第一天跑了两圈，两条腿像铅块重，她觉得自己的头发和衣物都成了阻碍，累得上气不接下气。不过，一想到自己定下的瘦20斤的目标，咬着牙也得坚持……轻断食、每天跑步，终于有了成效，在五天里她的体重直往下掉，瘦了三四斤。

不巧的是，几天后，艾丽发现自己的体重居然回到原来的数字，而这些天只不过是中午开始多吃了些米饭。为了减下20斤，她决定重新不吃主食，但体重不仅没降反而胖了几两。

体重的波动严重影响了艾丽的心情，"为什么减肥那么难呢，都十天了还未达到目标的1/3。"艾丽越想越浮躁。渐渐地，她开始躺在床

上看电影，看小说，拖拉着不想起，不去拉伸也不去跑步。室友的问她原因，她解释："我坚持了这么久，也没实现目标，我怀疑自己是不是瘦不下来了"。

三天后，在室友的督促下，艾丽重新开跑，结果却发现跑起来比以前更费劲了，也更不想去跑步了。她就这样今天推明天，明天推后天，室友也随她去了，然后她再没去操场跑步。

给自己设定的目标要现实，白日做梦、好高骛远，只不过是给自己制造障碍。目标要结合自身的条件来制订，要切实可行，如果再怎么努力都够不着，就等于白费力气。

对艾丽而言，一个月瘦20斤的目标显然不太实际，也会给她带来巨大的心理压力，让她对自己的体重过分在意。反过来，体重的波动，又会严重影响她减肥的兴致和情绪，导致她后来不断地拖延跑步时间，耽搁减肥进程，最终失败。

新东方教育集团创始人俞敏洪先生说："人生的奋斗目标不要太大，认准了一件事情，就得投入兴趣与热情坚持去做。"一根橡皮筋可以用它绑五十根筷子，但用来绑五百根筷子，恐怕就得耗尽弹性"嘭"的一声断开。人的精力是有限的，如果一心奔着那些过大的、不合理的目标，只会让我们因为不想去执行难以实现目标的计划，掉进拖延的泥潭。

T是某个公司的实习生，每天在办公室做一些文件打印和简单的数据统计的杂活，薪资不太高。T一直想利用闲暇时间赚点外快，以此贴补房租。某天夜晚，T躺在出租屋的床上刷手机，在朋友圈里看到别人转发的一篇公众号文章，里面教人如何利用写作月入过万。

很快，T就给自己报了一个写作课程。其实，他在高中作文比赛中，曾得过省级三等奖，算是有点儿天赋和基础。经过两个多月的学习和实训，T在一家青春正能量杂志上刊发了第一篇文章，三天后又有个平台录取他的稿件，虽然稿费不高，但还是给了他信心。

从那以后，T给自己定下更大的目标：月过十篇稿。但很快他就发现，自己每天不仅得完成公司的既定事务，还得抓紧时间浏览各大网站搜寻素材，一天里甚至都没时间和同事一起吃饭说几句话，整日脑子里都在想选题。按理来说，这样的牺牲应该换来好的回报。但是，一封封拒稿邮件还是堆满了他的邮箱。

在工作和写作之间，T完全找不到一丝喘气的空间，由于是新手，每次一篇文章从选题构思投稿得耗费三四个小时。看着被拒的稿件，他开始心力交瘁。想想月过十篇稿件的目标，他心里就堵得慌，对待以前给自己规定的写稿任务，也开始犹豫、拖拉。偶尔，找素材的时候，找着找着就刷了微博、知乎，时间在指尖不断流逝。好不容易三天才完成一篇，期间还得承受不断袭上心头的负罪感。

实习期结束，每天顶着黑眼圈上班的T没能转正，稿费也没赚多少。

看，不接地气的目标，只会不断加深做事的拖延程度，影响工作质量。有目标有上进心固然好，但人不是机器，不能要求马不停蹄地转。在多方压力之下，我们很难在短时间内保质保量地完成任务。

减肥失败的艾丽，没能够转正的实习生T，像极了生活中的拖延者们，兴致勃勃地定下目标，做好前赴后继奋勇向前的充足准备，最后都以失败告终。他们以为自己是被残酷的现实击败，其实是败于自己那颗想快速取得成就的心，那个不接地气的目标。

德国诗人歌德说过：“向着某一天终于要达到的那个终极目标迈步还不够，还要把每一步骤看成目标，使它作为步骤而起作用。”脚踏实地地走好脚下的每一步，不要想着一步登天，制订适合自己，切实可行的目标是躲避焦虑、失败，逃离拖延症的重要保障。

02.模糊不清的叫愿望，清晰明确的才叫目标

目标和愿望，是我们经常说到的两个词，看起来很相近，但其实有本质上的不同。

如果说，愿望是飘忽于云端之上的顶层，那目标便是脚下的一层层阶梯；如果说，目标是不远处的码头上的一处灯塔，愿望则是海岸那边缥缈的绿光。看过下面这个故事，你可能对两者的理解会更深刻。

一位商人在国内因开采煤矿发了家，后来市场不景气，他就转行做起了鲜花生意。

某日，他在家接待了一位老友，向好友滔滔不绝地讲述他近期制订的伟大目标："最近国内这鲜花生意也是不好做，我想把生意带到国外去做，如果能盈利，我还打算直接在美国开一家公司，赚上一大笔钱，然后就等着享清福了。"

好友听后，惊讶地问道："你这些想法不错，可听起来有点悬乎，你有准备吗？"

商人似乎并未听进朋友的话，他接着说另一个伟大抱负："你知道吗？高级工艺品在中国很有市场，我想把印度的手工艺品带到中国，再把景德镇瓷器带到欧洲……只要让钱转起来，不管经济形势怎么变，我都有钱可赚。"

说这话时，商人的眼睛透着光芒，好像他憧憬的一切已经实现。朋友不再回应，他深知：这样的憧憬仅仅是愿望，没有从实际出发，也没有做相应的准备，根本算不上目标。如此幻想下去，只会一直沉陷在愿望中原地踏步，永远脱不了困境。

生活中，我们经常听到“我要变瘦”“我要变美”这类话，但这只是美好的心愿，是一个努力的方向。只有“控制饮食，坚持运动，持续半年，月瘦4斤”这样具体可行的东西，才叫目标。如果目标不够清晰明确，对生活并没有任何指导意义。

某财经记者问美国财务顾问协会的总裁刘易斯·沃克：“是什么因素导致人们无法成功？”沃克回答说：“模糊不清的目标！我在几分钟前问过你，你的目标是什么？你说，希望有一天能拥有一栋山上的房子，这就是一个模糊不清的目标。因为‘有一天’不够明确，这种不明确就降低了成功的概率。”

记者又问：“怎样才算是明确的目标呢？”沃克解释道：“如果你的目标是在山上买一座房子，你要先找到那座山，我告诉你那个房子目前的价格，然后考虑通货膨胀，算出三年后这栋房子值多少钱。然后，你从现在开始，为了实现这一目标你每个月要存多少钱。如果你真的这么做，可能在不久的将来你就能拥有一栋山上的房子。如果你只是想想，那只是你的一个遥不可及的愿望。”

想要克服拖延顽疾，就得丢掉心中那些模糊不清的愿望，为自己定个明确的努力方向。那么，我们该如何来设定目标呢？成功学大师拿破仑·希尔强调，在为生活设立目标的时候，一定要回答三个重要问题：

1.我是谁？

通过一段简单的文字，剖析自我，认识你是谁。

在练习中，不要写姓名、年龄、学历、地址、简历，以及平时最喜欢用来形容自己的词语。你要重新审视，发自内心地感悟自己，说明“你是一个什么样的人？”

2.我在这里做什么？

这一生，你希望自己能够拥有哪些成就？让自己的生活变得更富足，让生存的世界更美好？为自己写一个喜欢的座右铭。用简练的语言表达出，当你离开这个世界时，世人会怎样谈起你。

3.我的目标在哪里？

在前两个问题的基础上，用一个简单的句子归纳出你追求的目标。

拿破仑·希尔认为，当一个人确立了自己的生活目标时，他的生活会有非常广阔的发展空间。比如，确立好事业的目标，会给经济方面带来报偿，能满足深层次的精神需求，让人体会到生活的意义；确立好个人与家庭关系的目标，能够让生活变得更加温馨、幸福。

另外，制订明确的目标时，还要注意以下几点：

第一，目标必须是明确的。

如果定下一个笼统的口号作为自己的努力方向，既不便于衡量，也很容易在执行的时候丧失动力和激情。所以，你定制的目标，要尽可能用数量表示出来。

第二，目标要远大，激发创造性。

有什么样的目标，就有什么样的人生。高远的目标能够激发大脑的创造性，给人以使命感和责任感，且让人对成功产生更为深刻的理解。当你的目标足够伟大时，无论你遇到什么样的困难，都更容易保持积极向上的精神，发挥出内在的潜能。

第三，目标的实现并不是一蹴而就的。

任何成功都要经历一个漫长的过程，中途会遭遇各种各样的阻碍和困难。因此，设定的目标应当是长期性的，并清楚地认识到自己不可能一次性就把所有问题都解决掉，而是要在坚持中养成一种习惯，逐步向目标靠近。

第四，立即行动，勤奋才能产生行动。

第五，“早起的鸟儿有虫吃”，我们都知道勤奋和效率的关系，当一个人勤奋工作时，他的工作效率必定比懒懒散散时的工作效率高，我们制订好了明确的目标后，就得勤奋起来去执行。

03.大目标太磨人，拆成小目标更易坚持

在生活中，你有没有过这种体验?

反复实施减肥计划，却每次都半途而废，因为掉秤太慢了，想到距离目标体重还那么遥远，顿时就变成了泄气的皮球，一点儿动力都没了；幻想过年收入百万，但每月拿着不高的薪水时，想到那个百万数字，就失去了奋斗的动力。

年收入百万，是不是不可实现?询问那些已经赚到100万的人，其中的一些人表示，他们没有一开始就奔着年入百万的目标行动，首先是从年入5万元开始，告诉自己，每天只需赚137元就行；接着，开始实施10万元的目标，只需每天赚274元；再来就是赚20万元，只需要每天赚548元……循序渐进，一点点地提升要求。

很多时候，我们觉得目标太遥远，正是因为把它看得太大了。

山田本一是日本著名的马拉松运动员。他曾在1984年和1987年的国际马拉松比赛中，两次夺得世界冠军。记者问他：依靠什么取得如此惊人的成绩?山田本一总是回答："凭智慧战胜对手！"

我们都知道，马拉松比赛主要是靠运动员的体力和耐力，爆发力、速度和技巧都还在其次。因此，对于山田本一的回答，大家都认为这是冠军的故作玄虚。

10年之后，这个谜底被揭开了。山田本一在自传中这样写道："每次比赛之前，我都要乘车把比赛的路线仔细看一遍，并且还得把沿途中的醒目标志画下来，比如第一个标志是银行；第二个标志是一颗粗壮的大树；第三个标志是一座高耸的大楼……这样一直画到赛程结束。比赛开始后，我就会以百米的速度往第一个标志奋力跑去。

"四十多公里的赛程，被我分解成几个小目标，跑起来就轻松多了。假如一开始我就把目标定在终点线的旗帜上，那么当我跑了十几公里时就会累得上气不接下气，因为疲惫不堪的我被前面那段十几公里的遥远路程吓到了。"

这个故事告诉我们，一个宏伟的终极目标需要分解。马拉松冠军都是利用这种方法，我们普通人也可以学着拆解目标的方法。比如，你的目标是在一个月内跑满240公里，乍一听这个目标很难实现，但如果目标分解，一天只需要跑8公里，如果利用60分钟来完成这项任务，那么每分钟只需要跑0.13公里。

回顾新东方教育集团创始人、董事长俞敏洪的创业经历，他也是一个善于利用分解目标的人。最初，俞敏洪是给别人打工，站在旁观者的角度里，他发现很多培训学校对学生的态度管理和理念都有许多缺陷。在替别人打工的过程中，他学会了很多，也付出了很多。当观察和积累到了一定程度的时候，他才开始创办新东方。

或许在很早之前，俞敏洪心中就有创办新东方的想法，但他选择把这个在外人看起来近乎狂妄的目标一步步拆开来完成。前面所有的努力，都是朝着最后的大目标做准备，小目标实现之后大目标完成得顺理成章。

有心理学家表示：我们拖延正是由于对长期艰苦任务的惧怕，而当我们将任务化整为零，日积月累，就能会有令人意想不到的收获。

关于分解目标，这里给大家介绍两种方法：

·多叉树法

多叉树法，我们直接从字面意思就能理解，就是一颗健壮的大树有许多个分枝，而每个分枝上还有更细小的枝丫，枝丫上还会有更小的树枝，一直到叶子。我们的大目标就如同树干，每一级小目标就相当于每个树枝，我们当前需要去做的细微之事，就像是树上的叶子。

大目标和小目标之间的关系，应当是逐层递进的，每个小目标都是实现大目标的条件，而大目标则是小目标完成的结果。当所有的小目标都实现了，大目标也就实现了。

假如当你定的目标是考研，那你需要思考的是：该如何实现这个目标？列出充分和必要条件，这些就是你要先去达到的小目标。接下来，再思考：达到这些小目标的条件是什么？再列出达到每一个小目标所需要的条件。以此类推，直到画出所有的树叶，就算完成了这个目标的多叉树分解。

从叶子到树枝，再到树干，不断地问自己：如果这些小目标都能实现，考研这个目标一定会实现吗？当你能够非常肯定地回答“是”的时候，就证明这个分解已经完成。如果回答是“不一定”，就意味着你所列出的条件还不够充分，需要继续补充。一棵完整的目标多叉树，就是一套完整的达到该目标的行动计划。所以，目标多叉树，也被人称为“计划多叉树”。

·剥洋葱法

这种方法实际上就等于把目标视为一个完整的洋葱，一层一层地剥下去，把大目标分解成若干个小目标，再把这些小目标分解成更小的目标，直到具体到此时此刻应该完成什么事情。上面提到的一个月跑步240公里，运用的就是这一方法。

我们都知道，实现目标的过程是循序渐进的，从低级到高级，从现在到将来，从小到大。但我们设定目标时，恰好与之相反，要从将来到现在，从大目标到小目标。我们最终要达到一个什么样的程度呢？就是将每一个大目标分解成月目标、周目标、日目标，甚至分解到此时此刻该做什么。

把大目标不断地细分，你可以从你制订的最小的目标开始，每天完成一点点。不拖拉、按时地达到小目标并不难，且完成小目标后的喜悦感会给人带来动力，激励我们继续行动。这样一来，戒掉拖延这个顽症的成功率也会越来越高。

04.目标要及时检修，不能一条道走到黑

陈戈是某影视公司的导演，在业界也算是小有名气，最近他正在筹划拍一部简短的情景喜剧。故事的主要情节是，两个年轻人在一个阳光灿烂的午后，于海边小镇相遇，发生了一点摩擦，从而引发了一系列让人哭笑不得的故事。

短剧的演员已经找好了，是当红女星丽姬。一切准备陈戈都做好了，丽姬也安排好了档期，可是开拍那天，居然下雨了。拍摄地点不能更换，丽姬的档期也不能再调整，导演陈戈琢磨了一阵，果断地将所有晴天的场景全部都换成了雨天，然后又对剧本进行了修整。片子顺利拍完，上映后好评如潮，那朦胧的雨景更是备受观众喜爱。

每个人都有都在为自己的目标努力着，当我们下定决心执行的时候，如同古人说得那般：“天有不测风云，人有旦夕祸福。”因为各种客观因素，让我们的目标突然变得“不合理”起来。这时，及时检修我们的目标，便是最好的办法。

就像陈戈，如果他坚持要完成先前制订好的目标，坚持原来的剧本，坚持自己当初的思路，坚持将短剧的背景定为阳光灿烂的午后。那么，或许丽姬将不能参与拍摄，而又因为没有当红女星的参与，影响票房，更会消耗不少的人力、物力、财力。

万物都在发展变化着，有些事根本不能被我们所掌控，现实也不会因为我们的目标而有丝毫的改变。当外界因素发生变化时，为了实现自己的目标，我们要学会随机应变，修整自己的目标。盲目地坚持既有的不合理的目标也是在做无用功，持续这样做，只会让人产生挫败心理，达不到预期的效果。

A市有一家著名的房地产公司，公司的总裁苏文很有谋略，年轻有为。

1996年，在董事会上，苏文提出计划在五年内，公司发展规模扩大一倍，并且还要在市中心开发一个高档别墅区。然而，金融危机突然席卷东南亚，房产界遭受了前所未有的沉重打击，公司因此陷入困境。许多董事都坚持原来的发展方案，坚持继续开发高档别墅，而苏文果断决定调整目标。为此，部分董事退出董事会，另起炉灶。

苏文决定，在原来的建设别墅区的那片土地上，建设经济适用房小区，规划建设小户型，温馨别致，价格公道。在开盘那天，所有楼房被抢购一空。苏文的公司不仅收回在金融危机中的损失，还获得了巨额的利润。

在突发金融危机的大环境下，苏文认为，如果继续按原来的目标建立高档别墅区，销售市场并不会景气，最后可能会让公司再一次受到重创，而决心转战建设小户温馨型小区。最后苏文因为懂得灵活对待目标，根据实际情况对目标进行合理的检修，让公司转危为安。

目标，是一个方向，是我们前行路上的明灯，是一个指引，也是我们渴望抵达的终点，当然不可轻易放弃目标。但是，如果你走的这条实现目标的路，忽然被巨石阻挡或轰塌，不妨尝试去走另外一条路。结合自身的实际情况，检修出一个合理的目标，为实现目标而做出调整，是一种明智的做法。

05.有了可行的计划，flag才不会倒下去

古人言：“凡事预则立，不预则废。”

这句话的意思是，我们在为目标努力的时候，得提前制订可行的计划。如果说，目标是一个运转自如的机器，那么计划则是它身上各种细微精确的零件，正是这一个个小零件让笨拙的机器灵活地运作起来。想要做成功一件事情，想达到某个目标，首当其冲地便是制订计划。否则，面对烦琐纷杂的事，我们往往会无从下手，产生拖延。

美国时间管理之父阿兰·拉金说过：“一个人做事缺乏计划，就等于计划着失败。有些人每天早上预定好一天的工作，然后照此实行，他们是有效地利用时间的人。而那些平时毫无计划，靠遇事现打主意过日子的人，只有‘混乱’二字。”

在一个村子里，有一位很厉害的老猎人，但凡被他碰上的猎物都会倒在他的枪口下。

老猎人有个儿子，也是一位猎人。他常年跟着父亲打猎，从来没有机会单独行动。终于有一次，老猎人给了他这个机会。他把这个消息传遍了整个村子，“我要去打猎了，我终于可以独自一人去打猎了。”

村子里的人纷纷向他表示祝贺，同时也提醒他：“你得把枪膛上好子弹，这样看到猎物就可以第一时间开枪。”年轻猎人完全不以为意，

他认为自己上子弹的速度够快。前一晚，老猎人也告诉儿子："出门前得做些准备，提前计划好。"年轻的猎人太兴奋了，没怎么理会父亲的话。

第二天，年轻猎人扛着猎枪就出门了。一踏入河边的某片草丛，年轻猎人就发现了一群肥硕的野鸭，正当他准备开枪，结果想起枪膛没有子弹，于是小心翼翼地上子弹。不曾想，在静谧的环境下，细微的上子弹的声音都惊动了警惕性极高的野鸭，它们都向四周游散开了。

年轻猎人有些后悔没有听村民和父亲的建议。但是，过了一会儿，他安慰自己："这不过是一群小猎物罢了，一定还会出现更多更大的猎物。"果然，在林中的一棵树下，他看到一只正在觅食的麋鹿。

"大猎物，这下可不能让再你跑掉了"，这位首次单独行动的年轻猎人，以为自己将满载而归，快速举起枪、瞄准，果断扣动扳机，结果只听到一声扳机的声响，并没有飞出子弹。原来，是他的扳机出了问题。

最终，年轻猎人没有猎到任何猎物，一无所获地回家了。

歌德有一句忠告："匆忙出门，慌忙上马，只能一事无成。"这句话放在这个故事中很是应景，如果年轻猎人听从了村民和父亲的建议，出门前检查猎枪，做好相应的计划，或许是另一番结果。计划始终是我们实现目标的蓝图，能让人摆脱众多无厘头的杂事。

做任何事情，有计划才会有效率，按照计划走，也能让我们得到可视化的进步，而走一步算一步的无计划行动，只会出现碌碌无为的结局。

二十岁左右的阿芳和阿红，因为家里贫困辍学，一同从大山里出来到城市谋求发展。虽然她们起点相同，但五年后，两个人的境遇却有着天差地别。阿芳在一家酒店当经理，而阿红却是酒店的清洁工，到底是什么让她们有如此大的差别？

当初刚进城，阿芳和阿红走遍了整座城市，最终进了一家酒店当保洁员。为了省钱，两个人一起租了间小房子。她们两个，都想打破原有的禁锢，得到一份待遇更高点的工作，过上好一点的生活。于是，两个人都定了目标，决心摆脱这种贫困的生活。

除了服务行业，阿芳对其他行业了解都不深。所以，她的目标是当这家酒店的服务部总管。她认为，自己最大的短板是知识储备不够。于是，她利用业余时间在网上研读研酒店管理的成人教育课程。

其次，她觉得如果想从一个小小的清洁工走上管理层，当下自己的工作必须得出色，给领导留下好印象。阿芳每天都勤勤恳恳工作，无论是包间还是大厅，什么脏活累活都做。通过网上课程的学习，阿芳学到了很多关于酒店管理的知识，有一次甚至还利用所学的知识，为主管解决了一个棘手的问题。

阿红则恰恰相反，只制订了目标，从来没有制订详尽的计划。努力工作了几天后，就没了后续，开始了上班混混沌沌、下班就追剧的生活。五年后，按计划向目标前进的阿芳成功了，而秉着走一步算一步想法的阿红依旧是个清洁员。

培根说："我们做计划是为了确保自己正在做最重要的事情，为了更好地配合他人的工作，对那些突发的而事情做出快速的反应。"

没有计划，很容易出现毫无头绪的瞎忙状态；制订了计划，可以让我们提前对一件事情做好预判，避免被一大堆的杂事烦扰，对该做的工作无从下手。唯有有条有理、秩序井然地完成一项项计划，才能减少拖延的发生。

06.每天一张任务清单，督促自己去完成

法国哲学家布莱斯·巴斯卡说过：“人们最难懂得的是把什么放在第一位。”

许多人以为，待在办公室的时间越久，就越能证明自己足够努力，其实不然。努力，需要付出的过程，但也要用结果来衡量。如果只是耗费时间，而没有任何效能，做事拖拖拉拉，也是对时间和精力的一种浪费。

为了减少无用功，在实现目标的大计划完备后，就要制订短小的计划，详细到给每天的事项都列一个清单，以便让自己更加清楚地知道该做什么，该怎么做？

维克托·米尔克是世界知名企业现代食品公司纽约城推销中心的技术总监，他的工作直接或间接受到5000名雇员中3000多人的影响。为此，他总是忙得一塌糊涂。

有一回，在纽约举行的工作研讨会上，他谈到了自己的一些心得体会：

“现在我不再加班工作了。我每周工作50-55个小时的日子已经一去不复返，也不用把工作带回家做了。我在较少的时间里做完了更多的工作。按保守的说法，我每天完成与过去同样的任务还能节余1小时。

我使用的最重要的方法就是，制订每天的工作规划。

“现在我根据各种事情的重要性安排工作顺序。首先完成第一号事项，然后再去进行第二号事项。过去则不是这样，我那时往往将重要事项延至有空的时候去做。我没有认识到次要的事竟占用了我的全部时间。现在我把次要事项都放在最后处理，即使这些事情完不成我也不用担忧。我感到非常满意，同时，我能够按时下班儿不会心中感到不安。”

无独有偶。伯利恒钢铁公司是美国第二大钢铁公司，它的成功让世界为之瞩目。有人采访公司掌门人查理斯·舒瓦普，问及公司的成功经验时，查理斯·舒瓦普毫不犹豫地把功劳推给了效率学专家艾维利。

原来，在伯利恒公司创立之初，查理斯·舒瓦普整日为公司的各类事务忙得晕头转向，业绩却不怎么理想。为此，他特意向艾维利请教提高业绩的方法。艾维利给他出了一个主意：

“你从明天开始，坐在办公桌前的第一件事情，就是把当天要做的事情，按顺序计划好，把重要的事情安排在第一位。完成第一项后，就进行计划里的第二项，第三项……当你认为这种方法达到了你想要的结果，再把它介绍给你的员工。”

最后，凭借这个方法，整个伯利恒公司的工作效率都得到了提升。

这就是制订短小计划带来的益处，可以高效地完成重要的事宜，少走很多弯路。那么，对我们来说，该如何来制订短小计划呢?

·每天清晨列出一天的任务清单

每天早上开始工作前，或是前一天晚上，把这一天要做的事情列出清单。把最重要的事情排在第一位，以此类推，每做完一件事情，可以在清单上做个已完成的标记。每做完一件事情，就会体验到一种成就感。此时，8个小时将不再是8个小时，因为在8个小时里，将重要的事情排在前面做，会激发持续的行动力，你也许能够达到10小时的效率。

·为自己的计划限定时间

人的心理很奇妙，一旦想到还有充裕的时间，就很容易拖延。在清单上，你要给完成一个计划预设时间，有了限制才不会轻易懈怠。

·重新安排未完成的事情

有了每日的任务清单，是不是能保证所有计划内的事情，都可以在工作时间内顺利完成呢？答案是，未必。那么，对于尚未完成的那些事情，该怎么处理呢？

最好是，今日事今日毕。如果实在难度大，可以顺延到第二天。不过，这样的顺延偶尔为之就好了，切忌把它当成“退路”，纵容自己拖延。

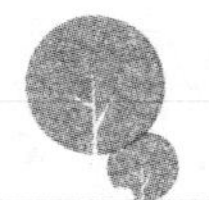

Chapter3

立刻就去做，1分钟也不要等！

01.不去做，心动多少次都是枉然

有个年轻人，整天想着怎样才能成名。他脑子里冒出过很多想法，但每一个想法都只是活跃在脑海里，从来没有被拿出来真正地实施过。某日，他坐在公园的长椅上，正在想第N种能让自己出名的办法，恰好此时爱迪生从他身边路过。

他认出了爱迪生，便向其请教："你知道有什么办法，可以让我快速成名吗？我冥思苦想了好多年，有过不少想法，但还是理不出头绪。"

爱迪生看了看年轻人，又听了听他的那些想法，沉默片刻，而后说道："你想成名，恐怕只有这唯一的一个办法了。"年轻人兴奋地表示只要能让自己出名，什么办法都行。爱迪生直白地回答说："等你死后，你就成名了。"

年轻人既惊讶又愤怒，他质问爱迪生："你凭什么说，我只有死后才能成名？"

爱迪生认真地回答："你一直想要成名，可是你从来都把你的想法禁锢在脑子里，没有去做过任何一件事。所以，只有在你死后，人们把你的故事口口相传告诉后人，警醒世人不能光有想法而拖延着不去行动，否则就会碌碌无为抱憾终身，因此，你也就成名了。"

在这个年轻人的身上，也许我们都会瞥见似曾相识的影子。生活中有不少人，给自己制订的目标很接地气、计划也切实可行，但最终还是停留在原地，处境没有任何变化。细探究竟，会发现他的问题和故事中人如出一辙：憧憬得挺好，可完全是空想，知道该做什么，却一天一天地拖着，什么都不做。

有句话说得好："三流的点子加上一流的执行力，永远比一流的点子加三流的执行力更好。"任何人都不可能通过思考而养成一种新的实践习惯，只能通过实践学会一种新的思考方式。更何况，很多人拥有的不是思考，而是空想。思考的人会一边想一边做，或者想好就做；空想的人是想得很多，做得很少，或者只想不做。

任何一件事，想得再好，都不如马上去做。至于困难，遇见一个解决一个，最后总能见到成效。看看《把信送给加西亚》中的罗文上尉，他只是接到了一个任务：把一封具有战略意义的信，送到古巴盟军将领加西亚手里。可加西亚在丛林里作战，没有人知道他在哪儿。但罗文不讲任何条件，历尽艰险，徒步三周之后，走过危机四伏的国家，成功地完成了任务，把信交给了加西亚。相比而言，工作和生活中的那些计划，会比罗文上尉要做的事更难吗?

1989年，香港女作家梁凤仪发表了她的第一部小说《尽在不言中》，此书一出版就一炮打响，售卖火爆，为她"财经系列小说"开了一个好头。从那以后，她开始以惊人的速度，以近乎批量生产的方式创作小说。

1990年，梁凤仪写出了《醉红尘》等六部脍炙人口的长篇小说。

1991年，又一口气出版了《花帜》等一系列作品。当时，梁凤仪的小说多以香港风云变幻的商界为背景，并将财经和经营管理知识融入其中，此类作品发行量特别大，为她出书的出版商都赚个盆满钵满。

这个时候，梁凤仪有了一个想法："既然自己的作品这么受欢迎，能为出版社创造如此大的经济效益，为何我不自己来出版发行呢？"有了这个想法后，梁凤仪立刻开始行动，在香港成立了"勤+缘"出版社，亲自担任出版社董事长和总经理。

不出所料，"勤+缘"出版社口碑良好，获得巨大声誉，同时也带来了庞大的收益。成立出版社仅仅一年半的时间，"勤+缘"出版社就收回了"八位数"投资，并在两年后成为香港三家营业额最高的出版社之一。

研究了三十年拖延症的心理学家博克说："拖延是一种行为，与其说是可治愈的，不如说是可管理的。"想要将我们的拖延症管理得当，最重要的点之一便是：开始执行那些让你心动的想法，行动起来。米兰心理医生康素爱萝也曾说过："拖延者常常在无能为力和无所不能两种感觉之间摇摆不定，他们知道采取行动有困难，于是凡事向后推成了一种策略。"

那么，当我们脑海里冒出一个想法后，如何将其付诸行动呢？

·学会解构想法

你最近有什么想法？如果要把这个想法落实行动起来，需要哪些条件？把这些一一分解清楚，即分解到可以直接开始行动的层面，然后立刻去做。“立刻去做”的意思是：具体的时间、地点、采用什么样的方式、要做到什么程度等。在具体做的过程中，利用高效率的工作法，专注当下正在做的事情。

·调节行动时的状态

长时间专注一件事，我们的大脑会产生疲倦感。这时候，不必抽出大段的时间来休息放松，可以选择开始另一种行为来刺激大脑，即切换一种行为模式。在这个过程中，大脑也可以得到休息。如果大脑又感到疲惫，再回到重点要做的那件事情上。

比如，我每天要完成5000字的写作量，在写到2000字的时候，我觉得累了。这个时候，我可以去运动一下，抑或看看书。等运动完了，或看完1小时的书后，再回来继续写字。

·建立满足感

如果自己什么事都不想做，该怎么办？那就索性干点力所能及的事，比如整理办公桌、收拾文件等，这些工作需要做，但不太费脑子。做这些事，很容易让我们建立满足感，恢复工作的状态。总之，不要让自己待在那个什么事都不想做的状态里，这样会加重拖延。

02.逃避未必躲得过，直面未必真的难

Lucy在培训学校做市场招生，业绩平平，也不怎么努力。

开发客户并不是一件轻松的事，但大家都在尽力地打电话与客户沟通。唯有Lucy，总是望着电脑发呆，要么就一直打114，查询某个学校的电话，查到了之后就写下来。翻看她的记录本，真的是挺清晰的，上面内容详尽，可就是积攒了N多个电话，没打出去几个。

Lucy私下里跟同事念叨："有点不想做了，遇见那种不讲理的客户，拿起电话就一顿数落，好像自己怎么得罪他了。所以，就当给部门积累点资源吧，实在不想打电话。"

后来，Lucy开始迟到早退。主管提醒过她几次，做事积极点、麻利点，可每个月交代她的任务，从来没有完成过，总得不停地催她，她才肯动身去做。结果，气得主管只能甩下"片汤话"：愿意干就干，不愿意干就走人，别影响其他人。

其实，Lucy也并非真的不想做，她只是心理承受力没那么强，害怕面对客户的拒绝。一旦碰到了被拒绝的情形，就觉得备受打击。所以，她明知道自己该做什么，就是推迟着不做，目的就是回避自己害怕的结果——被拒绝，沟通失败。

心理学家研究发现："现代人面对压力和各类困难时，大都会采取

回避态度。”

趋利避害是人的本能，我们都清楚：开始着手一件事情，就意味着将要和各类困难相遇。为了躲避这种痛苦，我们就会不自觉地拖延。网上流行的一个段子里讲道：某作者、编辑或编剧一大早就开始在微博上乱转悠、各种转发评论，哪有热门新闻哪就有他，悠闲得很，那就说明此人交稿子、交专栏、交本子、交版面的期限又要到了。

建英，是一所普通一本院校的英语专业的学生。她能说出一口流利的英语，但对数学知识简直是一窍不通。平时考试前，突击复习勉强能保证不挂科。大三那年，她决定考研，高数是避免不了的科目，她不得不认真攻克高数。但是，在考研自习室学习时，她总是把高数练习题放到最后再做，喝水、放松、做英语，直到收拾东西回宿舍前，高数试题也没做几道。

这样的做法，真的可以远离痛苦吗？答案是否定的。该面对的，始终要面对，此刻避开了高数，考研场上依旧要相逢。

美国心理学家威廉认为：对于普通人而言，他们一生仅开发了自己10%的能力。换而言之，就是还有巨大的潜力可以发掘。苏联学者伊凡也认为，人自身藏着巨大的潜力，他说：“如果我们迫使头脑开足一半的马力，那么我们就可以毫不费力地学会四十多种语言，能够把苏联教科书从头到尾背诵下来，并完成几十个大学的必修课。”

恐惧是每个人都有的一种心理状态，如果选择屈服于内心的恐惧，逃避痛苦，并不能解决任何问题。越是逃避，越是止步不前；鼓起勇气直面，恼人的焦虑与恐惧，自会缓解。很多时候，行动可以扭转态度。

美国青年艾伦，在38岁那年的一个晨光熹微的清晨，做出了一个惊人的举动：他辞掉了律师事务所的高薪工作，在回家的路上，将身上仅有的钱施舍给街上的流浪汉，回家后只带几件换洗的衣服，和未婚妻匆匆道别后，就徒步从加州出发了。

他决定，要一个人横穿美国，去东海岸北卡罗来纳州的“恐怖角”。

艾伦从不是一个勇敢果断的人，他很早就有这个想法了，但是内心对将要面对的困难焦虑不已，他几乎面临着精神崩溃的局面。他意识到，尽管自己有一份体面的工作，有一个漂亮的未婚妻，有许多关心自己的亲人朋友，可他这辈子从来没有很好地处理心里的困惑，他为自己懦弱的前半生感到愤怒和难过。

在过去的几十年里，他害怕的东西太多了，小时候怕保姆、怕蛇、怕黑、怕蝙蝠、怕幽灵、怕荒野，即便是长大成人后，这种恐惧感依然没有放过他。是的，他无所不怕，所以活得小心翼翼，活得平平庸庸。

“我不要再这样下去了！”艾伦决定向内在的焦虑与恐惧宣战，把令人闻风丧胆的“恐怖角”作为自己的终极目标，借以象征战胜生命中所有恐惧的决心。

这个懦弱了三十多年的青年上路了。

艾伦的决定是对的，在经历了数千次的迷路，吃了几十顿野餐，接受了一百多个陌生人的帮助后，他成功抵达了目的地。在此期间，他没有接受任何金钱的馈赠，在黑夜下和荒野中入睡；遇到过路边的几条蛇；最艰难的时候，他给陌生的游民打工换取住宿。

最终，他抵达了“恐怖角”。艾伦惊奇地发现，“恐怖角”一点也不恐怖，它的本名是16世纪一位探险家取的，叫作“cape faire”，只是在漫长的岁月中被讹传成了“cape fear”，一切都只是个误会！至于旅途中的那些困难，更是宝贵有趣的经历，并没有想象中那么可怕。

没坐过过山车的人会一直在地上仰视，没有游过泳的人会一直站在水边观望，没有跳过伞的人会一直站在机舱门口犹豫，他们都是越想越害怕，在“做”与“不做”之间挣扎。

其实，要治疗拖延、克服焦虑，方法很简单，就是直面困难，行动起来。生活中的许多困难和问题，始终如影随形地跟着我们，终究是逃不掉的。与其战战兢兢，不如直接面对，真正去面对了，你可能会发现，其实没那么难。

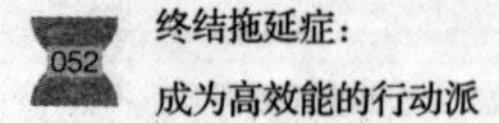

03.别做梦了，没有万事俱备的时候

一位对文学颇有兴趣的朋友，早年就想写一本书，可兜兜转转十几载，他却连几篇成文的东西都没有写出来。问及原因，他的回答就三个字：没灵感！他说，写作是一项创造性的工作，必须有灵感的时候，才能提起精神去写，不然是写不出好东西的。

每一个写作者都知道创作需要灵感，但几乎没有一个作者是完全依靠灵感来创作的。被动地去等着灵感的到来，不如主动去获取灵感，多看、多思、多写，先让自己行动起来，才有可能发挥出潜能。只是坐而论道、沉迷于文山会海，夸夸其谈，一直在筹备的状态中，不去落实，往往什么都得不到。

不过，那位朋友的状态也是可以理解的，心理学家研究得出：一些人之所以拖延，并不是因为他们缺乏热情，也并不是因为他们能力不足，而是某种形式上的等待心理，让他们迟迟不愿意下手，导致了最后的拖延。

这就好比，我们要去拜访客户，事先做了大量的准备工作，了解客户企业的发展史、战略规划、产品线、营销策略，以及客户的个人喜好，以便准确把握客户的需求点，并且想好过程中可能发生的各种情况，客户可能说的每一句话以及应对方案。

诚然，这么做的话，可以降低做事的出错率。然而，在进行这一系列漫长的准备过程中，我们不能忽略一个重要的问题：当我们准备充分以后再去拜访客户的时候，竞争对手已经先我们一步把单签了；当我们在思考客户会用什么样的话来拒绝自己的时候，已经失去了踏进客户公司大门的勇气了。

通常，那些习惯等待“时机成熟”才开始行动的人，往往都有以下弊病：做事过于注重准备过程，忽略实施过程，接到某项任务时，准备过程持续的时间，比真正执行工作的时间还长。只要遇到麻烦，就好比被拦腰截断一样。没准备好任何一个小环节，都觉得无法执行。

其实，哪有真正准备好的时刻呢？如果非要每一件事都在准备好之后再去行动，很有可能什么事都做不出来。过于看重某件事情的准备工作时，“等待效应”会让行为变得迟缓。

那么，如何才能解开“万事俱备再行动”的症结呢？

·事先预料各种困难，作好心理准备

每一项工作都会带来困难和变化，正所谓“计划赶不上变化”。即便你这一刻考虑得很周祥，也无法准确预测解决问题的过程中会发生何种情况，过程中依然会有意外发生。所以，应该做好迎接困难的心理准备，然后果断地行动起来，而不是一直停留在准备状态。

·在行动的过程中，不断地修正方案

任何人都无法在行动前解决掉所有问题，执行力强的人往往是在行动的过程中不断修正方案，遇到麻烦积极地想办法解决。沉浸在幻想中，会让人心生无限的恐惧，而行动本身却会给人带来巨大的信心和力量。

·现在就执行，不找任何借口拖延

如果你想在工作上有所建树，在学习上收获知识，就要摆脱“万事俱备再开始”的枷锁，立刻投入行动。也许刚开始会有一点困难，可多尝试几次，就会慢慢形成习惯。

不要期待一次性能够做到最好，也别企图等待出一个万事都准备好了的时刻，再开始执行任务。这个世界上，从来都没有准备好了的时刻。现在、立刻去做，去行动，准备工作只是凭空想出来的，而真正行动起来、动起来才是实际的。

04.执行不能等，一秒钟也不要耽搁

“不是还有明天吗？”

“待会再做也来得及！”

“等会儿吧，反正时间还早。”

“先玩一局游戏再说。”

“……”

在开始做一件事之前，你有没有用这样的理由说服自己，拖延一会儿再开始？

Lisa经常推迟的那件事是运动，为了保持良好的体力和健康，她给自己定过一个“每天至少运动半小时”的计划。可自打这个计划诞生以后，她的拖延和痛苦就开始不断来袭。

每天睁开眼，躺在床上的Lisa，脑子里就有两个声音不停地打架，一个说“你要马上起来去运动”，另一个说“再躺一会儿吧”。挣扎了一通之后，现实中的Lisa权衡了一下利弊，最终作出决定——“先休息，下午再运动”。

时间很快，转眼就到了下午，可懒散的因子并未消失，它还是会冒出来，让Lisa继续找理由拖延运动，比如“今天有点累，明天再运动吧”“少运动一天，也没关系的”……然后，她就心安理得地继续待

着，取消了当日的运动计划。

慢慢地，这种取消越来越多，开始只是一天，后来延续到两天，再后来一周只运动一次。没出两个月，Lisa竟然坐在那里不去思考运动这件事，完全把它从生活中取消了。她这才意识到，最初“拖延一会儿”的想法和理由，竟然如此可怕，它会让人在不知不觉中淡忘这件事的重要性，让一个切实可行的长期计划化为泡影。

后来，Lisa重新调整了计划，隔天运动一次。运动日的前一天晚上，她提前准备好运动的衣物，早晨醒来后，第一件事就是穿上运动衣，上跑步机或做其他运动，根本不给自己留空白去犹豫，等真的开始运动了，坚持半小时就变得很容易了。

这件事情给Lisa的生活和工作都带来了启发，就一项事物来说，“开始”是最难的，却又是必须要做的。越是拖延开始的时间，心里的排斥感越强。要消除拖延，就得先消除内心里那些“等一会儿再看吧”“明天再做”的意念。

我的好友雯，也是一个自由撰稿人。现在的她，最怕上午的时间被耽搁。

每天8点30分，是雯准时开始写稿的时间。在写稿之前，她会用牛奶冲泡一杯黑咖啡，当做一种“仪式感”。这个时候，她的状态是很好的，打开文档，一边喝咖啡，一边思索要写的内容，适应十分钟左右，咖啡喝完了，思路也打开了。

雯告诉我，假如在8点30分钟准备工作之前，她打开微信或微博，开始查看消息和各类文章；抑或，有朋友打电话找她，探讨一些事情……她的工作状态会受到严重的影响。很有可能，在她放下手机、关闭网页之后，脑海里还浮现着刚刚看过的画面与文字，迟迟不能回过神来。这个时候，再想静下心来写字，会变得格外艰难。

为了避免这样的情况发生，每天8点30分坐在电脑跟前时，除了看稿子、看相关资料、喝奶咖，雯不去碰触手机，也不去打开微博，会把手机调到静音状态，或放在自己看不到的地方，以此来阻隔它们的干扰。

如果这一天有需要外出办理的事宜，非必要的情况，雯我都会安排在下午处理。因为，上午的时间，可以专心地完成既定任务，下午再出去办事，就没有任何心理负担了。倘若早起就出去办事，回来再想静下心来写稿，完成当天的任务，八成都会拖延。

以上都是现实中的朋友亲身的体验与感受，这也提醒我们：任何时候，都不能抱有“再等一会儿”、“明天再说”的想法，该解决的问题，该完成的任务，立刻就去做，1秒钟都别耽搁。选择执行后，也要一气呵成，不能中途拖拖拉拉，把所有松懈和懒散的冲动都扼杀在摇篮里，这样能减少80%的拖延。

曾经听过一位艺术家讲述他的经历：每一个闪现在脑海里的想法，他都不会轻易放过。一旦有新的灵感，他立刻就会记下来，哪怕是在刚刚梦醒的深夜，也会坚持这样做。在此之前，他也有过拖延的问题，但最后他发现：立即去做自己一直拖延的事，就会发现拖延根本没有必要。只要行动起来，就是一个好的开始，它能带动自己着手做更多的相关事情。

歌德说过："只有投入，思想才能燃烧。既已开始，完成在即。"

无论何时，当你感到拖延和懒惰的正悄悄地向你逼近，让你缩手缩脚、懒散懈怠时，请放下所有的幻想和借口，立即让自己行动起来！行动起来，事态立刻会不一样。

05.该解决的问题，即刻将它处理掉

你有没有过这样的经历？

从网上购买了十几本书，准备利用假期时间为自己充充电，结果这些书堆在书架上，落满了灰尘；从体育用品店买来一副昂贵的羽毛球拍，想要锻炼身体，结果两只球拍只是挂在墙上做摆设，压根没有动；从乐器店买了一把吉他，想自学乐器，结果吉他长期被装在套子里，待在家里的某个角落……面对想要做、需要做的事情，总是一拖再拖，没有付诸行动。

1989年3月24日，埃克森公司的一艘巨型油轮在阿拉斯加触礁，原油大量泄漏，给生态环境造成了巨大破坏。然而，埃克森公司迟迟没有做出外界期待的反应，以致引发了一场“反埃克森运动”，甚至惊动了当时的布什总统。最后，埃克森公司总损失达几亿美元，形象严重受损。

拖延的实质就是：“活在昨天，逃避今天，摧毁明天”。无论是企业还是个人，没有在关键时刻及时作出决定或行动，把该解决的问题拖延下去，只会给自己带来更大的麻烦。因为，那些没有解决的问题，会由小变大、由简单变复杂，像滚雪球那样越滚越大。当我们意识到问题的严重性时，往往为时已晚。此时，再着手去解决问题，会比之前更加

困难。

老板交代Mary一项任务，告诉她最迟月底完成。Mary接过任务后，心想着还有半月的时间呢，不必太着急，很有自信能够在规定时间内完成这项工作。于是，她每天不慌不忙地浏览着网页，搜集点儿相关的资料，和朋友聊聊天，想着在最后几天开始做也一样可以完成，不必太着急。

休息得差不多了，Mary准备开始工作了。没想到，计划赶不上变化，老板突然安排她去参加一个行业研讨会，显然这是老板对她的信任和器重，提升的机会怎能错过？Mary耽误了一整天的时间，但还是觉得没关系，大不了晚一天再开工。

到了第二天，意外状况又出现了，公司电脑集体中毒，全部需要维修。眼看着时间就缩短了一天，手里的任务却还刚开始做，无奈之下，Mary只好跟老板商量多给一天的时间。下班回家后熬夜加班，匆匆撰写出了一个方案，以此交差。

由于方案写得太仓促，新意明显不够，而客户催得又很急，连修改的时间都没有了。最后，客户对方案非常不满，甚至提出取消合作。讲究原则、做事严谨的老板很生气，原本有才能、有创意的Mary，面对这样的情形，却不知该如何收场。

该解决的问题、该完成的任务，任何时候，都不要推迟。最好的处理办法就是，现在就做。在开始一项工作前，面对空白的内容和计算机屏幕，任何人都会觉得非常有挑战性。然而，就这项工作而言，“开始”是最难的一件事，可又是必须要做的。一旦真的开始做了，创意就会不断涌现，思路也会慢慢清晰，越是拖延着不做，就越是想要逃避，心里越是烦躁。

选择执行后，也当一气呵成，不要中途磨磨蹭蹭、拖拖拉拉，把所有的松懈和懒散的冲动都扼杀在摇篮里，时刻提醒自己：最佳的开始时间是现在，最理想的任务完成日期是昨天。

社会心理学家马斯洛说：“心若改变，你的态度就会跟着改变；态度改变，你的习惯就会跟着改变；习惯改变，你的性格就会跟着改变；性格改变，你的人生就会跟着改变。”我们应该意识到，小问题拖延着不解决，最终都会变成大问题。当我们下定决心，这一刻就去处理该解决的问题时，改变就在发生。

06.先把讨厌的事搞定，你会如释重负

有时候，人拖延着一件事迟迟不肯行动，并不是因为懒惰，也不是因为不想努力，而是这份工作可能让他觉得不愉快，或者是繁杂得令他感到厌烦。

M是一名中文系的毕业生，读书时数学就是她的短板。每每看见图标和数据，M就会瞬间头大，但现在的工作需要进行市场调研，数据分析也是必不可少的环节，唯有通过分析数据，才能了解到客户的真实需求，设计出吸引人的产品。

从理性上讲，M什么道理都明白，可无奈感性却经常占据上风。一碰到了数据分析的繁杂资料，她就拖着不想看。M还发现，她身边不少同事也存在类似的情况，比如行政部的助理，最讨厌整理考勤数据，她认为这项工作冗长繁琐，每次的考勤报表她都会拖到月末。有一次，因为她的拖延而耽误了发绩效奖金的时间，她还挨了老板的批评。

有些时候，我们心里非常清楚，任务不是很难，工作量不是很大，只是情绪中包含着太多的厌恶和抵触。对于自己不喜欢的事，我们会下意识地拖延，这是一种本能反应。但现实不会以人的意志为转移，总有一些不喜欢的事，是我们必须要去面对的，甚至要求我们必须把它做好。在这样的处境之下，就得想想办法了。

具体要怎么做呢？如果是无理由地厌恶工作，可以提醒自己："要么干活，要么不食人间烟火。"如果是因为害怕自己的能力解决不了问题，不妨告诉自己："即使这件事是我顶讨厌的，但我必须面对。"此时，就是自己的承受力和压力之间的对峙。当我们意识到一件事非做不可的时候，往往就会抛开担心，选择行动。

事实上，每个人心中都有一块小小的魔障之地，那些讨厌的事就藏在那个阴暗的地方，当我们把它揪出来，立刻解决掉，就是在减轻心灵的负担，也是在挑战自我。很多被厌恶的事情，往往是对我们有利的选择。优先解决掉自己讨厌的事情，就等于在无形中完成了一项对自己有益的事。

2008年年底，美国推出的热门电影《反恐24小时》，让很多人对其紧凑的情节和演员的演技赞叹不已。电影中主角杰克在午夜十二点接到任务，他必须在24小时内成功打破恐怖集团的一项阴谋。要完成这项艰巨的任务，需要开展一系列的跟踪、调查、侦探工作。杰克在短暂分析过后，把每一项行动都列好在一个清单上，把最难解决的、最重要的事，优先解决掉，再去处理其他事宜，最终顺利完成任务。

效率专家皮切尔博士认为：如果我们因为讨厌的事情产生了抵触情绪，从而在早晨精力最充沛的时间里做那些琐碎的、不重要的工作，看似是没有浪费时间，等到了下午，我们根本会没精力着手那些被我们列为A+的事情。从心理学角度来说，这就是一种结构化拖延行为。

所以说，对待那些讨厌的事情，想不被耽搁拖延，最好的办法就是优先处理。就像杰克一样，将其列在一天计划的最前面，把它放在精力最充沛的时间段优先完成。把这件讨厌的事处理完后，中午可以稍作休息放松一下，下午的工作便都是自己“喜欢”的了。想一想：最不喜欢、最不想做的事，都已经被处理掉了，带着这样的心情开始做下午的事情，是一种什么样的体验？一定如释重负。

07.摒弃三分钟热度，多一点专注力

斯坦福大学教授凯利·麦格尼格尔，小时候最喜欢看他的父亲绘画和泥塑。

他的父亲没有拜师学过艺，但他在绘画和泥塑方面却很有天赋，且完全是自己琢磨出来的。如果不是有极强的意志力和对生活的乐观态度，很难想象他是如何能在屡屡失败后依然坚持不懈地做下去。

有一次，父亲趁在工作干好的间隙，准备创作一件泥塑作品。万事俱备后，父亲开始动手。这时，隔壁宿舍的几个工友在大声聊天，天南海北地聊着，说着各种有趣的段子。父亲很感兴趣，就暂时停下了手里的活，偷偷地在自己的宿舍里听。等他醒悟过来继续创作泥塑时，却发现那份灵感已经荡然无存，那件作品也就没能完成。

这件事给父亲带来了启发，他告诉凯利·麦格尼格尔："当你决定的事情，千万不要被外力影响，因为你决定了，说明你已经深思熟虑、考虑周详了，那么首要的任务就是坚持不懈地完成，天大的事情也要为此让路，要不然你可能会失去宝贵的东西。"

多么宝贵的箴言和忠告啊！

现实中，不少人给自己设定了多个目标和计划，今天想学绘画，明天想学英语，后天想坚持运动，可到最后却发现，没有一件事是做完

的。刚开始时，还有一股新鲜劲儿，能坚持早起、坚持看书、坚持锻炼，可三天之后，惰性就开始冒泡了，纵容着自己一点点地偷懒，今天该看的拖到明天，明天该做的拖到后天，到最后索性就不做了。

突然有一天，回首过往的岁月，才发现自己没有完整地学会任何一项业余技能，也没有在事业上做出什么成绩。日子就在平庸中流过，人也变得越来越迷茫，越来越没有自信。

很多人都在问，要如何改掉三分钟热度的毛病？

面对懒惰，面对拖延，面对诱惑，多数人都忽略了一个耳熟能详的词语——专注！

比尔·盖茨最聪明的地方在哪儿？不是他做了什么，而是他没做什么。以比尔·盖茨的实力，他可以买下纽约，可以去做房地产，但他专注于计算机操作系统和软件的研发，而不被市场中的其他诱惑吸引。想要保持持久的行动力，打败三分钟热度，就得培养专注力。

那么，如何才能训练自己的专注力呢？

·控制随时想分神的欲望

克制自己的情绪，收服自己的不安。做一件事情就要全力以赴，不要左右摇摆，左顾右盼，也不要被什么事情中途打断，更不要主动去中断正在进行的工作。

大脑处于高度集中状态的时候，突然间一下子分散，想要把原来的信息重新收集起来，是一种巨大的困难。人的思维被打断后，恢复平静又需要一段时间，这样白白浪费时间，根本就没有办法做好任何事情。

·锻炼自觉不受外界干扰

训练自己强大的心理素质，锻炼自己的控制能力，是十分必要的。无论外面发生了什么，只要你不回头，就没有什么能够干扰到你。有些人总是喜欢给自己的错误找理由，如果你是专注的，那么还有什么可以影响到你呢?

·养成良好的生活习惯

按时睡觉，形成一定的生物钟；注意饮食，注意健康，照顾好自己的情绪，这些都是很重要的。健康是生活的本钱，没有了健康，就没有了一切，身体垮了，精神自然也就垮了，再集中的精神状态，也不能够克服自身的生理因素。

·请求别人来监督你

当你需要帮助的时候，请求别人适当地帮助也是很有必要的。一个人的力量是微弱的，别人的帮助也许会让你明白一些道理，或者，别人能够给自己一些动力，这样你的计划更容易实施。

当你想要达成一个目标时，一定要训练你的专注力。因为在执行的过程中，你会发现自己需要克服的困难很多。倘若你能够在做事时达到忘我的境界，拖延会自动远离你。

Chapter4

扔掉借口，堵死拖延的退路

01.想干总会有办法，不想干总会有理由

美国西点军校有一个盛传已久的传统，遇到军官问话时，学员只能有以下四种回答："报告长官，是""报告长官，不是""报告长官，不知道""报告长官，没有任何借口"。除此之外不可以说其他的内容。

新生在入学后，要接受的第一个观念就是：不要拖延，立即行动！在军官们看来，如果学员第一次就因马虎大意或其他原因，没能及时擦亮自己的皮鞋，并成功通过借口逃避了惩罚，那就会有第二次、第三次……久而久之，至少在擦皮鞋这件事上，就会养成找借口的习惯，而这些借口又会导致他们对擦皮鞋这件事无故拖延。

"没有任何借口"是美国西点军校200年来奉行的最重要的一条行为准则，也是西点军校教给每个学员的第一个理念。依靠这一理念，多少西点毕业生在人生不同领域成了佼佼者。"没有任何借口"，强化的是想办法完成任何一项任务的信念，而不是为没有完成任务去找借口，哪怕这些借口听上去合情合理。

"没有借口"的准则，看似很冷漠，缺少人情味，却能激发人最大的潜能。人生不需要借口，失败了也好，做错了也罢，再巧妙的借口对事情本身而言也是无用的。

借口这张温床，是无形的精神的束缚，会将人勇往向前的动力吞噬

得一干二净。

生活中，拖延者经常会给自己的行为找各种各样的借口：

“天气太糟糕了，我才会迟到。”

“今天忙碌一天了，这件事留到明早做吧。”

“如果有充足的时间，我还来得及修改。”

“要是早点把资料给我，肯定能完成任务！”

似乎，拖延的产生全是因为这些不可控的外界因素，自己也是“无辜”的受害者。在借口的包装下，所有的拖延都变得“合理”了。实际上，这些借口不过是自欺欺人的“挡箭牌”。

当北京申奥成功的消息传出时，举国沸腾。大家都在为中国的国力得到承认而高兴，也被北京得到一个经济发展的机会而充满期待。可是，很少有人知道，在1984年以前，奥运会并不是每个国家都想争取的事情，愿意和敢于去申办奥运会的国家没有几个。原因很简单，在很长的一段时间里，举办奥运会是赔钱的。

1984年，美国洛杉矶奥运会的举行，成为了一个历史性的转折。这届的奥运会，美国政府没有掏一分钱，反倒盈利2亿多美元，可谓是创造了一个奇迹。

这个奇迹的缔造者，是一个名叫尤伯罗斯的商人。最初，尤伯罗斯并不愿意接受这项任务，可他终究没能架得住一而再、再而三的邀请，只得点头同意。尤伯罗斯把整个奥运活动跟企业、社会的关系进行了全方位的考虑，并想出了很多能让奥运会赚钱的点子。其中，最绝妙的应当是拍卖奥运会实况电视转播权，这在历史上可是从来没有过的。

刚开始，工作人员提出的最高拍卖价是1.52亿美元，这在当时已经称得上是“天文数字”了，尤伯罗斯却说：“太保守了！”之所以这样说，是因为他发现人们对奥运会的兴趣在不断高涨，这已是全球关注的热点了。电视台利用节目转播，已经赚了很多钱，倘若采取转播权拍卖的方式，必然会引起各大电视台的竞争，价格也会不断抬高。

一切，恰如尤伯罗斯所料。最终的结果，仅仅是但是转播权一项，就为他筹集到了2亿多美元的资金。然而，这还只是尤伯罗斯计划的一部分。过去，奥运会的万里长跑接力，都是由知名人士担任的，尤伯罗斯决定一改往日的做法，提出只要身体健康，谁都可以参加，当然还要出一些“买路钱”：每公里5000美元！

这真让人大跌眼镜，有谁愿意花钱买罪受呢？可是，当消息公布后，报名的人蜂拥而至。1.5万公里的路，收了4500万美元的费用。这次奥运会给尤伯罗斯来带了空前的荣誉，回首成功，他非常自豪，坦言道：“只要有想法，就有突破点！”

借口，是拖延的温床；借口，是愚蠢的控诉；借口，是弱者的自我辩解；借口，是卑微的遮掩。无论你为拖延行为找的理由听起来多么合理，都无法掩盖一个事实：它是你为自己不当行为的辩解，最终的目的也不过是获得虚假的心安，除此之外无任何益处。

美国作家理查德·泰勒在《没有借口》一书中说过：“你若不想

做，会找到一个借口；你若想做，会找到一个方法。”借口是无穷无尽的，只要想要，总能找到。可时间是有限的，生命是有限的，当人生处处都被借口填满，就意味着人生在被虚度。

02.你以为的“做不到”，只是“你以为”

励志大师拿破仑·希尔曾问PMA成功之道训练班上的学员：“在座的各位，有多少人觉得我们可以在30年内废除所有的监狱？”

学员们很惊诧，怀疑自己听错了。一阵沉默过后，拿破仑·希尔又重复了刚刚的问题：“有多少人觉得，我们可以在30年内废除所有的监狱？”

了解这不是一个玩笑后，立刻有人站出来反驳——

“要把那些杀人犯、抢劫犯、强奸犯全部释放吗？你知道这会造成什么后果吗？那样的话，我们就别想得到安宁了。不管怎样，一定要有监狱。”

“对，社会秩序会遭到破坏。”

“如果可能，还需要更多的监狱。”

“……”

见学员们情绪激动，大呼不可能，拿破仑·希尔决定换一种方式来进行，他说：“现在，我们来试着相信可以废除监狱这一事实，如果真能如此，我们该如何着手？”

大家有点勉强地把它当成实验，沉静了一会儿，有人犹豫地说：“成立更多的青年活动中心，减少犯罪事件的发生。”不久后，刚刚持反对意见的人，也开始参与讨论：“大部分的罪犯都是低收入者，要清除贫穷。”“要能辨认、疏导有犯罪倾向的人。”“可以尝试用手术的方法来治疗某些罪犯……”结果得出了18种构想。

此时，拿破仑·希尔告诉大家：“进行这个实验的目的，是想让大家知道，当你确信一件事不可能做到时，你的大脑就会为你提出种种做不到的理由。可当你真正地相信某件事能够做到时，你的大脑就会帮你找出各种做得到的方法。”

没错，很多时候，不是因为事情难以做到，而是我们以为自己做不到。这种自我设限，让我们丧失了行动的勇气。久而久之，“做不到”就被刻进了人生的字典。自我设限好比把人生圈定在一个范围内，原本能发挥出的潜能也被禁锢。

在过去的很多年里，人们一直坚信这个说法：人类无法在4分钟内跑完一英里，一英里即近乎1600米！这种观念在民间盛行许久，已深深刻入人们的脑海，这个任务最后演变成了“4分钟障碍”。就连那些知名的运动员和生物学家也确信，4分钟跑完1英里是超越人类身体和心理的极限行为。

谁也没想到，牛津大学医学院的学生罗杰·班尼斯特，却成功打破了这个“魔咒”。在做这件事之前，他曾对自己说：“经过了心怀信念的训练，我将克服所有的障碍。”结果，他用了3分59秒4创造了奇迹。

这说明什么？人的潜能是巨大的，只要你不给自己设限，人生中就没有限制你发挥的藩篱。世间的诸多庸庸碌碌者，未必没有能力，未必没有机遇，而是选择了自我设限，用这把沉重的枷锁，扼杀了所有的潜能。习惯找借口说“做不到”的人，其实就是在自我设限，这种行为在拖延的过程中起着不容小觑的消极作用。

曾经有人做过一个自我设限行为在拖延者身上的表现的实验，具体如下：

研究对象是一群即将读大学的女生。最初，所有的女生都去做那些看起来很难但又有解决可能的测试题。之后，研究者对其中一半的女生说："与其他测试者相比，你们表现得很出色。"对另一半女生，则没有做出任何评价。

到了执行第二轮任务时，研究者首先让所有女生自行选择环境：嘈杂的分散注意力的环境，或者是安静无干扰的环境。接下来，又让她们选择不同的任务：发散性题目，或是无须动脑就能完成的题目。最后，她们还要做一个选择：对于自己的表现结果严格保密，只有自己知道，或者是把他人对自己的批评公布出来。

结果，有拖延倾向的女生，更喜欢选择有干扰的环境。事实上，试验到她们作出这一选择时，就已经结束了。所有参加试验的女生都相信，她们选择了这一环境时肯定会听到噪音。所以，当她们不能确定自己在第二轮任务中的表现时，她们选择提前设置障碍，选择自我设限。如此，她们就可以为自己接下来糟糕的表现找到一个合情合理的借口。

推迟着不去做一件事，或是拖着不肯完成一项任务，试图给自己找一个合理的借口。万一结果真的不理想，至少可以用这个借口逃避谴责……看起来，这真的是一种绝佳的自我保护方式，但它的代价也是巨大的，那就是从此走上一条拖延和平庸的路。

03.没有后路可退，就只能奋勇向前

在执行一项任务时，如果总想着还有时间、还有退却的余地，就会习惯找借口拖延。

有没有什么办法解决这个问题呢？世界上第一位成功学的杰出人物拿破仑·希尔，在他全球畅销几千万册的《思考致富》中，曾经提出过这样一个理念：过桥抽板。这个理念的意思是说：当我们在做一件不能够轻易实现的事情时，最好切断自己的退路，让自己无路可退。

1830年，法国作家雨果与出版商签订合同后，为了让自己专心写作，他把所有外出的衣服都锁进了柜子里，把钥匙扔进了湖里。他整日待在家，除了吃饭与睡觉，其他时间从不离开书桌，专心写作。就这样，《巴黎圣母院》诞生了。

古希腊著名演说家戴摩西，年轻时为了提高自己的演讲能力，躲在一个地下室里练习口才。整日面对枯燥的演讲资料和黑暗的地下室，他耐不住寂寞，常常想跑出去溜达，心总是静不下来，练习的效果自然也不太好。

为了让自己专心练习演讲，他一狠心，把自己的头发剪掉了一半，变成了一个怪模怪样的“阴阳头”。这样一来，他就没法出门见人了，自然也就打消了出去玩的念头。连续几个月的时间，戴摩西勤学苦练，

他的演讲水平也因此突飞猛进。

没有任何事情是简单速成的，一件事情、一个目标、几项待完成的计划，当我们想退缩离场时，如果能像雨果和摩西那般，切断自己的退路，也就不会再想着逃避拖延了。

岩羚迫于崖，唯有飞渡；人之困于死角，乃得以激昂。退路即借口，总习惯给自己留退路，就是在给自己制造找借口的机会。人生旅途，往往需要切断退路，才更容易激发潜能，奋勇前进，找到出路。

上世纪三四十年代，美国作曲家乔治·格什温刚刚小有名气，那时的他，还从来没有写过交响曲。后来，他遇见了美国斯坎德爵士乐团的著名指挥家，对方很非常欣赏他的才华，盛情地邀请他为交响乐团写一部交响曲。

格什温虽然深受感动，可是由于他对交响乐一窍不通，怕写不好丢面子，就一口拒绝了。指挥家一再劝他写，他仍执意不肯。这位指挥家见他如此固执，也来了固执的劲儿，竟然不经格什温的允许，就在报纸上刊登了一则广告，说20天后音乐厅将上演格什温的最新作品交响乐《蓝色狂想曲》！

这份报纸发行量非常大，一下子让满世界都知道了这个消息。不知就里的格什温看到报纸上的广告大惊失色，慌忙来质问指挥家为什么让他难堪？指挥家微笑着对他说：“反正这件事全城人都知道了，你就看着办吧。”

格什温见事已至此，只好硬着头皮将自己关在屋子里，开始了人生

第一部交响乐的创作，结果，他只用了两周的时间，就完成了交响乐《蓝色狂想曲》。他自己也没有料到，首场演出竟然大获成功。之后，格什温的名气迅速传遍美国，一跃成为美国好莱坞最著名的作曲家。

可见，真到了退无可退的境地中，每个人都有潜能去为自己找寻一条出路，只是多数人都不舍得把自己逼到那个境地罢了。所以，有时我们真的需要逼自己一把。当不得不去做好一件事，没有丝毫退缩的余地时，就不会再想着逃避和拖延，只会勇往直前。

04.想象里的困难，总比真实的它要可怕

当我们面对一件从未做过的事时，总会本能地产生恐惧心理，心里一遍遍重复："我没经验""我想我做不好""不行，我还是做不到，算了吧"……诸如此类。事实上，出现这样的心理反应，通常不是被困难本身难住，而是困难在想象中被无限放大，导致我们被唬住。

十几年前，黄阳在一家不太景气的国企上班，每月的工资不高，即便每日省吃俭用，日子依然过得捉襟见肘。数年来，他们一家三口就局促地住在一间不足三十平方米的平房里。

面对这样的困境，他也曾抱怨过，也曾想过另谋他路。可是，一想到不可预知的未来，他就退缩了。毕竟现在还勉强过得去，且单位给上了"五险一金"，将来老了也有一份保障。万一离职后，找不到工作怎么办？若真如此，一家人的温饱都无法保证了。再三顾虑后，他还是觉得维持现状比较好。

就这样，他经常在嘴上抱怨，却还是日复一日地走着老路。然而，天不遂人愿。两年后，由于企业经营不善，亏损严重，单位不得不裁减人员，以缓解眼前的危机。不幸的是，黄阳就在第一批下岗人员的名单中。下岗对一个上有老下有小的中年人来说，无异于晴天霹雳。他开始后悔，当初应该早点做准备。现在，不想离职也没办法了，该面对的还

得面对。

两个月后，黄阳离开了原来的单位。好在，原单位给了他一些补偿。最怕的事情已经发生，黄阳的内心也没什么可畏惧的了。他没什么特别的技术，但车开得很稳，之后就去一家企业应聘了司机的职位。同时，他还用补偿款在家附近租了一个店面，支持妻子开一家卖文具的小店……没想到，一场下岗的遭遇，竟还让这个小家的日子慢慢红火起来。

有一项随机调查显示：当生活或工作遇到新问题或新任务时，80%的人会感到焦虑；有60%的人认为自己肯定无法胜任，不敢尝试，非要拖到不得不做的时候，才会被迫行动；有25%的人虽然没有信心，但愿意一试；只有15%的人能自信地接受任务，并承诺会尽力做好。

其实，改变现状并没有想象中那么困难，那么可怕，现实中的困难也并没有想象中那么难以解决。更多的时候，是内心的恐惧、不自信心理牵制着我们，继而把困难想得比实际中要难得多，不自觉地想要逃避。其实，尝试着去挑战，跨出第一步之后，一切都会迎刃而解。

美国西部的一个清贫少年约翰·戈达德，他在8岁生日那天，收到了爷爷送的生日礼物：那是一幅被摩挲得已经卷边了的世界地图。从收到那份宝贵的礼物后，每当闲暇时，他都会把那张地图拿出来仔细地浏览标注。那张地图，给这位清贫男孩的思想插上了翅膀，让他开始编织自己的梦想。

约翰·戈达德在观望地图时，有过很多的愿望：到尼罗河、亚马孙河和刚果河探险；登上珠穆朗玛峰、乞力马扎罗山；驾驭大象、骆驼、鸵鸟和野马；读完莎士比亚、柏拉图和亚里士多德的著作；给非洲的孩子筹集100万美元捐款；写一本书……总共有127项人生宏愿。

后来，他把这些心愿都写在励志的自勉书《一生的志愿》里。44年过去了，书中的梦想一个接一个地成为现实。约翰·戈达德总共实现了106个愿望，成了著名的探险家。

林肯说过："有许多不可能，只存在于人的想象中，大多数人，总是习惯于夸大困难，不愿去尝试和努力。"如果你愿意先试着开始，最后会发现，很多事情就如抽丝剥茧一样，总会在行动中逐渐找到思路和方法，然后过五关斩六将，往自己想要的方向发展。如果你总是夸大未知的困难，害怕改变，就会故步自封，画地为牢，一辈子被困囿在原地，扼腕叹息。

曾经看过这样一篇报道：一位65岁的老妇人，经过长途跋涉，克服重重困难，从纽约市步行到佛罗里达州的迈阿密市，这段距离相当于从北京至香港的距离。记者采访时问她："你是怎么做到的？路途的艰难有没有吓倒过你？是什么给了你勇气？"老妇人笑了笑，说："我就是走了一步，接着再走一步，慢慢就到了这里。'走一步路'很简单，不需要勇气。"

这就是问题的核心，当我们注重眼前的每一步，不去幻想其他的困难，也不去想结果如何，往往就能够克服困难，达到目标。如果一味地用心中的困难阻挡自己的脚步，唯一的结果就是原地停留。

05.你敢对自己负责时，拖延不战而退

拉费尔·凯普说：“没有任何借口是执行力的表现，无论做什么事情，都要记住自己的责任，无论在什么样的工作岗位，都要对自己的工作负责。工作就是不找任何借口地去执行。”

厌恶拖延的人很多，但明知问题在哪里，却又继续在拖延中浑浑噩噩度日的人更多。秦浩就是这样的人，做什么事情都没有计划，这会儿刚想起来制作简历找新工作，待会儿接到朋友的电话，立马就放下手里的事，出去与人聚餐了。这一聚，可能就到了后半夜，写简历的事自然被拖到了第二天。第二天，恰好家里来了亲戚，写简历的事就继续往后挪。

有时候，手里有点琐事需要办，在外人看来，真的是“顺手就能做”的事，可秦浩就是不动，说不着急。在周围的朋友都忙着考研、找工作、出国的时候，秦浩还在和心仪的女孩约会，一点儿紧迫感也没有。

后来，经表姐推荐，他去了一家电子科技公司上班。但他的工作态度，让表姐作为中间人感到很尴尬。人事部的主管跟秦浩的表姐说，秦浩总是懒懒散散的，还私下跟同事抱怨：“就拿这么点钱，干什么劲儿啊！”“工作是老板的，身体是自己的。”分配给他的任务，他总是做

不完，只好请同事吃饭，让人家帮忙收拾残局。

实际上，秦浩并不是一个“笨人”，他的动手能力很强，可再好的技能也得踏踏实实做事才行。有好几次，客户都投诉公司售后不好，说技术答应了今天来维修，结果第二天还没到。责任到人才知道，秦浩给自己放假了。责问起来，他却又开始找借口给自己开脱，最后只得不了了之。要不是公司看在他确实有点手艺，可能早就让他走人了。

表姐跟秦浩聊过这些，他叹了叹气，说：“我知道自己的毛病，也想改，可就是控制不住自己，干什么事都没积极性，老想往后拖。你看，周围的朋友有几个已经买房了，像我这样，不知道什么时候才有资格谈房子！女朋友家催了好几次，我也只能说，再等等……”

秦浩表面看起来大大咧咧，其实内心也隐藏着许多焦虑：年龄越来越大，对工作提不起兴致，无限拖延，找借口搪塞或掩盖不理想的现实。他无法对自己负起责任，害怕这样下去生活会变得一团糟，内心也感到恐慌。他想改变，却又没有行动力，这种矛盾让他很无奈。

其实，秦浩要想解决自己的问题，最重要的是培养一份对自己、对生活的责任心。如果什么事都得过且过，那肯定什么也做不好。他之所以对工作提不起兴致，从他的抱怨声中也能够听出来，他一直觉得，工作是给老板做的。

很多人在工作方面都有这样的想法：“我做的工作和我拿的薪资不对等，没动力”“我就是一个打工的，没必要像老板那样拼命。如果公司是我的，我也干劲十足。”

这样的逻辑，真的对吗？

对自己负责，对生活负责，就不会只看眼下，而是会把人生拉长来看。当一个人意识到工作带给自己的收获，不仅仅是物质上的回馈，还有个人能力与素养的提升，做起事情就不会拖拖拉拉，用无所谓的态度对待；当一个人意识到，生活的好坏不是凭借运气，而是要靠自己经营，就不会拖延着犯懒，随意糊弄；当一个人意识到，婚姻是一种责任和义务，要跟爱的人共度余生，而不是只谈朝夕，哪怕当下买不起房子，也会为了营造温馨的家庭而努力，而不是找借口敷衍和回避。

那么，该如何在生活中培养出一份责任心呢？

·不忽略日常的小事

有句话说得好："一屋不扫，何以扫天下？"不要认为生活中的小事不起眼，可以随意糊弄，我们的习惯都是从小事上养成的。要想培养负责任意识，就得重视生活中的小事，认真去做，不找借口，逐渐养成习惯。

·不要推脱责任

找借口是人类最基本的防卫机制。如果有些事情是自己的问题，确实存在过错，就要勇敢承担，不能推卸。也许，这一次你找了借口，蒙混过了关，但时间久了，总会有露馅的时候。待到那时，再想让人尊重你、信任你，就很难了。

·言出必行讲信用

不要轻易给他人承诺，一旦给了承诺，就要努力去实现。即便是你

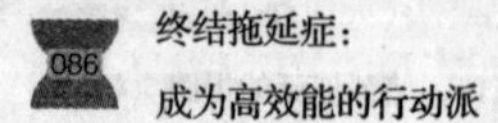

不太情愿、不太喜欢的事，只要亲口答应了别人，就要把它做好。因为，这是你的选择，你要对自己的行为负责，也要对许给他人的承诺负责。

我们需要铭记列夫·托尔斯泰的那句忠告：“一个人若是没有热情，他将一事无成，而热情的基点正是责任心。”敢承担自己的那份责任，也就不需要借口来掩饰任何东西了。

06.只要你肯做，没有什么不可能

工作中最大的障碍是什么？

有人说，是碰见一个不明是非、嫉贤妒能的昏庸上司；也有人说，是遇见虎视眈眈、处处盯着你的对手。毋庸置疑，这些问题必然会给工作带来些许的麻烦，但绝非最根本的。

人生最大的障碍，不是外在的环境和人，而是自己！在面对高难度的工作时，找借口推诿，拖延着不做，在内心给自己判了“不可能”的结局。

一位总裁在描述自己心目中最理想的员工时，这样说道：“我们所急需的人才，是有奋斗进取精神，勇于向‘不可能完成’的工作挑战的人。”

你有没有注意到，他用了“急需”一词，这说明什么呢？现代社会中谨小慎微、安于现状、畏惧挑战、借口连连的人太多了，而敢于向“不可能挑战”的人屈指可数，十分难求。

思想决定命运，这句话是有道理的。当一个人的内心缺乏勇气，只想做谨慎的“安全专家”时，遇到困难他就会选择逃避，找借口拖延。在他的思想安全岛上，一直觉得要保住工作就得保住熟悉的一切，去接受有难度的事情，很可能会撞南墙、栽跟头。他们就在舒适区里待着，靠借口来维系安全感，结果终其一生，都在平庸的圈子里踏步。

许多看似“不可能”完成的事情，不过是被人为地“夸大”了。当你真的静下心来去分析、琢磨、梳理，把它“普通化”之后，往往就能想出有效的解决办法。多少在事业上有所建树的人，都是秉持挑战“不可能”的原则，不断打破藩篱，脱颖而出。

1921年，美国百万富翁哈默做了一个惊人的决定，要去开发苏联市场。当他把这个想法说出来时，他的家人都被吓了一跳，认为他异想天开。在美国人看来，当时去苏联就好比去月球探险，根本不可能。可是，哈默跳出了“不可能”的圈子，几番努力后，他拿到了成功的“钥匙”。

自那以后，哈默一直跟苏联有业务往来。到他70多岁时，与苏联签订了一项长达20年的80亿美元的肥料协定；1974年，这笔交易又增加到200亿美元，包括利用西伯利亚的天然气和石油。哈默能够得到这块巨大的蛋糕，全凭当年敢向“不可能”挑战的勇气。

很多事情不是因为难以做到，而是我们缺乏信心，才以“不可能”的借口来禁锢自己。即便真的遇到了瓶颈，也应该这样告诉自己：不是不可能，是暂时还没有找到解决的办法。精彩的人生，永远都是与风险和艰难并存的，那些所谓的不可能，只是下的功夫还不够深而已。不敢向高难度的工作挑战，是对自己潜能画地为牢。

Selina是一名刚入行的建筑设计师。有一次，老板安排她为一名大客户做一个可行性设计方案，任务紧迫，只有三天时间。她一听就犯了嘀咕：三天？根本不可能！还没有人能在这么短的时间内完成这样的大工程。她是先拖延了一天，而后向老板解释了很多理由，要求放宽时间，但老板很想获得这单生意，听不进解释，执意三天后要结果。无奈之下，Selina只好拒绝了这项任务。

情急之下，老板花费高价把这项任务外包给了另外一家设计公司。接手项目的是一位资深的设计师，虽然他也觉得有些棘手，可还是决定接受挑战。他在第一时间看完现场后，就开始着手工作，夜以继日地查资料，向有经验的人请教。期间，也有同事劝他别那么拼命，差不多就行了，这么短的时间做出方案本来就是一个苛刻的要求。他只是笑笑，依旧拼尽全力去做。三天后，他提交了一份颇具创意的设计方案。

当老板把这份方案摆在Selina面前时，Selina很羞愧。老板语重心长地说："这只是一次考验，但我不太满意。你是新人，三天的时间可能做不出这样的方案，可你连尝试的勇气都没有，甚至不愿意去努力，这才是最令人失望的。"

看过前辈做的那份方案后，Selina思考了很多东西。其实，按照她的能力和悟性来说，也许做不到这么完善，但也并非做不出来。好在老板为人宽厚，没有直接把自己辞退，这件事情给Selina上了一堂深刻的职场课："不可能"完成的工作，之所以"不可能"，很大程度上是因为自己被它的表象吓倒了，而非不具备完成它的能力。

如果你羡慕别人平步青云，那你一定要知道，他们的成功不是偶然，一定是在公司最艰难的时候挺身而出。正是这种奋力进取的精神，让他们和事事求安稳的弱者拉开了距离。

爱默生说过，当他读到下面这句话时，他的人生随之改变了——“去做事吧，你将会拥有一股神奇的力量。”如果你想要获得成功，在面对让你紧张的高压任务时，在面对你认为不可能做到的事情时，别找借口拖延和逃避，将其作为你的选择，直至成为你的人生习惯。

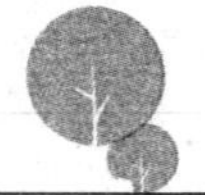

Chapter5

别被执念束缚，完成胜过完美

01.先把事情完成，再去要求完美

Noah原来是一个专栏作者，后来听朋友说，做编剧更有前途，他就报了一个学习课程。

在学习的过程中，Noah自诩对情节的掌控能力很强，认为将来自己写的作品肯定能大红大紫。抱着这样的想法，他对自己的要求也变得更为苛刻，不允许自己的作品出现瑕疵。在他看来，有瑕疵就意味着犯了不可饶恕的错误。

作为一个新手编剧，Noah一方面对自己的才能深信不疑，另一方面又有些担心。他害怕，自己的作品交给影视公司，而对方却不是伯乐，不懂得欣赏，那样的结局是他难以接受的。如果被拒绝，就代表他没有能力，而他所谓的“才子”的头衔，也只是浪得虚名。

Noah陷入了矛盾中，并在纠结中拖延。他拖延写剧本，拖延把作品递交给影视公司。所有的工作，还停留在“等我写好，定能一鸣惊人”的状态中。至于剧本什么时候能问世，连Noah自己也说不出来。

生活中，像Noah这样的人有很多：着手准备某件事情前，认为计划不周密，为了完善计划，事情迟迟未开始；收到领导的某项任务，为求证方案中的某个观点，延误上交任务的时间；原计划是两小时内修改三篇稿子，为追求高质量，最后只反复修订了一篇稿子。

安妮是一位全职太太，不久前刚过完36岁的生日。她一直在坚持给皮肤做保养，但脸上还是不可避免地出现了岁月的痕迹，她曾经引以为傲的完美身材也渐渐变得臃肿。一天，安妮站在镜子前，看着自己变形走样的身材，心里不由得烦躁起来。她决定减肥，准备用三个月，瘦到以前的样子！

安妮在网上找了大量的减肥方法，还买了瑜伽垫、跑步机等健身器材。可是，一个月过去了，却没有见她执行计划。问及原因，她说："我没有找到一个适合自己的锻炼方式，如果锻炼后减肥效果不大，我宁愿不开始。"越是拖延，安妮的心情越焦躁。她对自己的行为既气愤又愧疚，精神越来越颓废，后来还生了一场大病。

显而易见，上述的这些情形，都是陷入了完美主义的泥沼。心理学家称，完美主义者拥有一套自己的思维观念，期待一次性完美地完成一项工作。但我们都明白，世上不存在完美，也很难一次性完美地做好某一件事。如果过分强调完美，往往会一事无成，因为无论你怎样做，始终都会有不尽人意的地方。

高效率的成功人士都坚信一个准则："对工作持以认真负责的态度，首先得保证任务在规定的期限内完成，不在任何一个环节上耗费大量宝贵时光。"

很多事情，要先完成，再追求完美。一篇优秀的稿件，往往不是一气呵成的，而是先完成初稿，再在初稿上进行修订完善；一副惊艳的画作，也不是一笔勾勒出来的，要先把图案描摹成型，再填涂色彩给予生气，最终修饰调整。换句话说，抱着“完成比完美靠谱”的心态，很多事情反倒更容易做成，因为没有完美主义的心结作祟。

那么，如何避免形成过分追求完美的心理呢？

·常怀宽容之心

宽容是一种善待生活、善待他人、也是善待自己的态度，既能够陶冶情操，也能够给人带来心灵上的安慰。想要不被完美主义绑架，就要学会锤炼出一颗宽容的心，接纳自己的不足、不完美，明白万事万物都有瑕疵，避免误入极端思维。先本着如何把一件事情按部就班地完成，再去思考如何完善、力求更好。毕竟，完成是完美的前提。

·不要过分忧虑

完美主义者习惯在计划上花费很多时间，总觉得“万事俱备”之后，成功的可能性会更大。提前计划和做准备，并没有什么错，但前提是要掌控好时间，最好让准备的时间短一些，然后把更多的时间留在执行上。不要顾虑这样那样的问题，顺其自然地做下去，在问题出现时解决它就行了。太过于担忧和顾虑，就等于活在幻想中，并未活在当下。

02.无关紧要的细节，不值得纠缠

有完美主义情结的人，习惯用过高的眼光和标准苛求自己、衡量他人。无论做什么，都觉得难以达到自己的要求，还很喜欢在细枝末节上做无意义的纠缠。有时，为了处理掉“一粒沙子”，他们不惜耗费大量的时间和精力。就在他们与自己较劲的过程中，时间匆匆溜走，那些真正重要的东西，也随之被忽略了。

有位家财万贯的富翁，总希望自己拥有的一切都是最好的。

有一天，他的喉咙发炎了。按理说，这就是一个不足为奇的小病，找个普通的大夫就能看好。可是，富翁求好心切，不相信普通的大夫，希望找天底下最好的大夫给自己诊治。

他花费了大量的金钱，亲自游遍各地去寻找名医。每到一个地方，都有人告诉他当地有名医，可他总认为，其他地方必定还有更好的医生，就一直拖延着没有治疗，继续寻找。

直到有一天，他路过一个偏僻幽静的小村庄时，喉咙疼痛难耐，像被人从中划开了一道口子。此时，他的扁桃体已经化脓，病情十分严重，必须马上开刀，否则性命难保。可是，在荒郊野外的小村落，根本没有医生。最后，富翁就因为扁桃体炎一命呜呼了！

故事中的富翁，像极了完美主义型的拖延者，对待任何东西都吹毛求疵，哪怕是很简单的一件小事，也要力求尽善尽美。这是一种很糟糕的情结，就像茱莉亚·卡梅隆所说：“完美主义其实是导致你止步不前的障碍。它是一个怪圈，一个强迫你在所写所画所做的细节里不能自拔，丧失全局观念又使人精疲力竭的封闭式系统。”

人的时间和精力都是有限的，做任何一件事都要花费其中的一部分。在追求完美的过程中，我们要付出很多的代价，但耗损这些精力不一定能够换来想要的结果。在值得的事情上，追求卓越和相对的完美就够了，为了不重要的细枝末节付出高昂的代价，就得不偿失了。

假如你只想写一首诗，手边有一只破旧但能用的碳素笔，一张可用的却不太平整的纸，你又何必非要跑到商店，精心挑选漂亮的钢笔和记事本呢？等你买回来，说不定写诗的灵感早就烟消云散，不见踪影了。

假如上司只想让你发表一下意见和建议，你大可直接说出来，或简单列举几条发给他，无须花费半天的时间，撰写一篇长长的报告，或是制作一份漂亮的PPT。等你交上去了，老板或许还会责怪你耽误了正常的工作进度，况且这些意见和建议也未必可行。不可行的话，做得再漂亮，也不过是一个“花瓶”，白白浪费功夫。

假如客户只是希望你尽快做出可行的方案，高效地完成任务，帮他们争取时间，那你又何必非要在计划的某一部分上纠缠不休？先出可行性方案，再去完善，不是更好吗？在机遇面前，时间比什么都珍贵。

同时，心理学家还证实：过分注重细节，容易给个体造成多重精神压力，让个体在潜意识里产生各种不自信的想法。慢慢地，自信在压力的消磨下会逐渐丧失，人会变得慵懒而拖沓，提不起精神。

一寸光阴一寸金，花时间纠缠于那些无关紧要的小事上，是一笔不划算的买卖。况且，时间分秒不停留，而一切都在改变中。就算此刻你把事情做得很好，但随着时间的推移、事态的变化，再从另外的角度去看，依旧会呈现出瑕疵。完美，永远是相对的。

03.个人的价值不在于完美无瑕

玛莉亚是一家大型上市企业的销售部主管，身在管理层的她，每天都在忙着开会、安排工作、处理文件，还要经常出差见客户。

一次，公司接到一个大单，她原本准备让下属Lee去应酬。可她内心追求完美，害怕下属做不好，毕竟这是一位重要的客户。所以，最后她还是决定亲自处理。

酒桌上，客户频繁地举起手中的酒杯。玛莉亚在几杯过后，就醉气熏熏了。喝醉了的玛莉亚有些失态，在客户面前断断续续地诉说自己最近的压力，抱怨工作上的不如意。最后，虽然谈判成功了，但成交的订单量比先前约定好的减少了两成。

第二天上班，玛莉亚心不在焉。她觉得，这次谈判的失误完全是因为自己酒后胡言，让客户对公司产生了不好的印象。一向对工作要求甚高的她，对这次失误懊悔不已，越想越自责。这种不好的感受越放越大，让她想起了以往工作上的一些失误，然后，她不由自主地给自己贴上了办事效率低、能力不足、脾气不好等标签。

玛莉亚陷入了自我否定中，因无心工作而白白浪费了一上午的宝贵时间，堆积了不少工作。生活中，不少人都跟玛莉亚一样，想把每一件事做到最好，同时对自己的要求也极为苛刻。他们习惯把完美和自我价值绑定在一起，倘若做错了一件事，或出了点纰漏，但凡没能达到自己心中的标准，就把责任全归咎在自己身上，觉得自己比别人差。这种自我否定，又会加重消极自卑的心理，导致没有动力继续工作。

现在，我们不妨做一个小测试，看看你是否也陷入了自我否定的怪圈？

·做事总是患得患失，尤其在关键时候，要么犹犹豫豫，要么茫然无措。

·工作压力越来越大，拖延行为越来越频繁，常常陷入无端的神游中，认为自己没出息。

·精神难以集中，渐渐觉得力不从心，工作效率低。

·想象中的自我总是与现实中的自我有很大差别，每一项工作都不能让自己满意。

·经常熬夜加班，睡眠不足，容易倦怠。

·工作越来越没底气，拖延越来严重。

以上六条，只需要选回答“是”或“否”，若以上选择的答案“是”多于“否”，那就要注意了。你需要接纳自己犯下的小错，是事情的好坏与人的价值区分开，不因一点点瑕疵的存在，就否认自己的价值。

道理简单易懂，但如何才能做到呢？这里有一些建议，可供参考：

·摒弃自负的心理

完美主义者有两种极端心态，他们经常认为：“只有做得好，才能接受自己；只有比别人出色，才能肯定自己；只有一直维系优越感，才能快乐。”在这个错误认知的影响下，工作和生活就变成了舞台，而完美主义者便成了卖力表演的演员。他们无法接受自己的任何一个表演中出现瑕疵，而背后的原因很可能是为了满足自负的需要。

现实生活告诉我们，我们不是演员，也没有那么多的观众。越是希望自己表现得好，越容易产生挫败感，适当地放下自负，接纳自己是一个普通人的事实，反而更从容。

·学会鼓励自己

倘若没有把一项任务执行得很好，也不要急着埋怨自己。适当地反思自己的问题，到底是因为哪些因素把问题搞砸的？分析过后，鼓励自己下次在这些方面注意一点，尽量别再犯同样的错误。

·修整错误的认知

完美主义者认为，如果不能实现完美，就难以感受到生活的快乐和意义。要改变这种错误的想法，可以利用“反完美主义表”，即把要做的事情罗列出来，如写稿、写报告、整理会议资料等，记录自己在完成这些任务时实际获得的满意度，用1~10的数字表示。这样便能清楚地看到，即便一件事做得不是那么完美，但依然能给我们带来喜悦和满足。

无论能力是否出众，都不必把完美与个人价值联系起来。有些事即使做得不完美，也没必要妄自菲薄。完美是一个虚幻的错觉，工作中最完美的状态，是认清自己的长处，把它们运用在工作中，积极地、不拖延地完成任务。

04.走不通的错路，不必坚持到底

股神巴菲特曾说：“投资犯错不可怕，最重要的是不能连续犯错，要及时止损。”

在生活和工作中亦如此，不是所有的坚持都有意义，意识到有些事是错误的，半途而废也无妨。非要一条道走到黑，付出的代价会更大。

翔宇大学毕业后，在一家广告公司做业务员。他工作很努力，每天抓紧时间打电话约客户，拨一两页的号码，问清楚情况后备注客户的意向，忙得不亦乐乎。不过，大部分客户都回复“再议”，翔宇忙了半天，也没有什么特别的收获。

晓飞是销售组的组长，看到翔宇的工作模式，他私下提出了一些建议：“单纯这样固执地打电话，业绩一直提升不了，你得换种工作方法了。”

翔宇说：“其实，我用这个方法也谈成了几单，有什么问题吗？”

晓飞讲起了自己的经历：刚进公司时，他也是一次次不厌其烦地打着那些“再议”的电话，但效率极低。后来，他跟客户沟通沟通时，向对方介绍完具体情况后，直接问对方的确切态度，用“是”和“否”划分客户名单。在交谈的过程中，仔细听对方语气，如果对方是真诚地“不确定”，再放在一旁特殊处理。这样的话，不但节省了不少时间，成交的概率也比以前提高了。

翔宇一开始还不太乐意改变自己的工作模式，因为改变就意味着要把那些资料重新整理，而现有的资料弄得很整齐，都是精心制作的，一下子放弃觉得很可惜。晓飞看出了这个新人的心思，给了他一条忠告："如果有更好的方法、更优的途径摆在眼前，及时止损才是明智的选择。试一试，没什么不好，你说呢？"

翔宇保存着原来的资料，又按照晓飞说的方法，重新整理出一份客户资料，按照"是"与"否"来划分……果然，效率真的比以前提高了很多，感觉工作也更有针对性了。他把过去资料中的有用信息摘取出来后，将它们通通扔进了垃圾桶。

《人生本就不易，你要学会止损》一书中讲到——

"在感情中，当你付出真心却换回来刀子，你的感情就应该进入止损流程；在职场上，当你做着一份不喜欢的工作，拿着不快乐的薪水，那么这份工作就应该进入止损流程；在人际交往中，当你的情分被当作义务，一味被滥用的时候，你的善良就该进入止损流程。"

无论面对什么事，一旦发现方向是错误的，就要及时止损。止损的过程是极其不易的，要有从头再来的勇气，也有可能会失去眼前拥有的东西，但往更深远来看，不及时止损，反而会失去更多。

这里有几点建议，能够有效地帮我们避开"一条道走到黑"的错误做法：

·全面分析是否需要止损

准确全面地分析你现在所做的事情，辨别是否应该及时止损，是一个很重要的环节。那么，什么样的情况下，需要及时止损呢？具体来说，要把握两个方面：其一，如果从长远来看，事情正在朝着你不需要的方向发展，那就说明里面的某个环节出问题了，需要停下来反思；其二，如果你的努力一直没有改变现状，甚至让你丧失了掌控感，你也要思考是不是哪里出了问题，及时止损。

·接受自己存在的错误

当我们认真去做一件事时，往往坚信自己的选择是对的。但如果在做事的过程中，发现这种坚持可能是错的，那就要试着停下来，终止错误的行为。古人云：“知错能改，善莫大焉。”发现道路是错误的，中途放弃，及时止损，比继续投入时间、精力、财力更理智。

坚持错的路，就犹如站在一条死胡同里，还希冀着快点到达终点，是犯傻的行为。换句话说，这样的坚持在耗费自己的时间、精力，最终会把正确的、重要的事耽搁。很多时候，人生如果错了方向，停下来就是进步。

05.任何事都得设置一个“deadline”

19世纪英国浪漫主义文学奠基人柯勒律治，文学造诣很深，依照他的天赋和才能，本可以取得更高的文学成就，无奈他是一个拖延症患者，最终与殊荣擦身而过。

柯勒律治经常出现这样的情况：和出版商谈成合作后，有时会因为追求好的灵感和思路，浪费大量的时间；有时又觉得素材和资料不合适，反复斟酌。通常，一个作品需要经历很长时间才能完成极少的部分。他的著名作品《忽必烈汗》《克里斯特贝尔》最终都以残篇（未完成）的形式发表，从这位诗人动笔到作品发布，时间间隔竟然长达二十年之久。

作家莫莉·雷菲布勒在《鸦片的束缚》有过这样一段描述：“他的存在变成一长串延绵不断的借口、拖延、谎言、人情债、堕落和失败的经历……”柯勒律治就处在这样的状态中，他的问题就在于，从来没有给自己的作品设定一个明确的“deadline”。

所谓“deadline”，顾名思义就是截止日期。人本身就有惰性，外加实现目标的过程中经常会出现一些意外，影响到我们的行动，随即产生拖延。一旦事情被搁置，目标很可能就成了“空头支票”。但如果在做任何事之前，都给自己设定一个明确的“deadline”，心中就会有紧迫感，在拖延冒出来的那一刻，能够意识到“时间在流逝”，便能尽快调整状态，重新投入到行动中。

某教育专家做过这样一个实验：他让小学生读一篇课文，不规定时间，结果全班同学用了八分钟才完成。后来，他给同学们设定了时间限制，规定他们在五分钟内完成，结果同学们不到5分钟就全部读完了。

这个试验反映了一个普遍的现象：对于不需要马上完成的事情，我们总是习惯于到最后期限即将到来时才去努力完成，因此也被称为“最后通牒效应”。

既然我们都有能力或潜力在“最后通牒”来临前完成任务，那不妨就把这个截止日期做一个人为的调整。接到任务后，把deadline往前挪一段时间，然后把任务分成几个阶段，计算好每一部分需要花费的时间，一点点按部就班地完成。这样的话，就能有效地避免因目标过大而产生恐惧、焦虑的心理，继而导致拖延，还能高质量地、轻松地完成任务。

另外要说明一点，deadline可以适当提前，但不能设定得太靠前，不然的话会给心理造成巨大的压力，并由于时间太短而难以高质量地完成任务，导致内心受挫，对自己的目标产生怀疑。如果deadline设置得太晚，则会导致执行上的拖延，抑或错过目标实现的最佳时间段，即便完成了目标，也变得毫无意义。

06.接纳不完美，你会做得更从容

完美，不过是一个努力的方向，如果成了终极的追求或是苛求，就会引诱我们走向拖延和痛苦的沼泽。

相传，蝙蝠原本是有机会成为鸟类的，可它为了追求完美而放弃了所有的羽毛。

上帝造物造到鸟的时候，摆出了各种颜色、各种形状的羽毛作为样品，让鸟儿们挑选。凤凰爱美，挑了红绿、绿色和金色；喜鹊低调，挑了白色和黑色；黄鹂素雅，挑了淡黄色和其他颜色的装饰性小斑点；麻雀头脑单纯，看别的鸟扔到地上一些土褐色羽毛，便穿在身上试了试，觉得还不错，就要了它。

这一切，被趴在屋顶上的蝙蝠看得一清二楚。凤凰选中红绿金色时，它不屑地说了一句“俗不可耐”；喜鹊挑了黑白色时，它又扭头撇嘴说：“真好笑，又不是给谁送葬，选这种哀悼的颜色！”麻雀穿上土褐色的外衣时，它差一点就喊出了声：“哎呀，难看死了，还能再土一点吗？”

上帝造完了鸟类，最后只剩下蝙蝠。上帝问它：“你有没有喜欢的羽毛？”

蝙蝠嬉皮笑脸地说：“没有。这些都太普通了。您老人家能不能再创造一些更完美的颜色让我挑挑呢？”

“每种颜色都有它独特的美，关键你要知道自己想要什么。既然你看不上羽毛，做不成鸟，那就去兽类吧！”上帝无奈地说。

“可以，但我想做个完美的兽。”

“何谓完美的兽？你说说看！”上帝对蝙蝠的话感到困惑。

“我不仅要会走，还要会飞。”

“好，我给你翅膀。”

应照它自己的请求，上帝给了它一对翅膀。至此，万物中最“完美”的动物出炉了——蝙蝠。所谓“完美”，实则不伦不类。

世间不可能有十全十美的事，实现完美本身就是一种错误的理念。像蝙蝠一样，贪心地想什么都拥有，结果却成了四不像。

金无足赤，人无完人。如果陷入完美的误区，将会错失良机，白费时间和精力。人生在世，有一件事我们必须早点看清：生活注定要跟“缺陷”相伴而行。完美是一种幻境，是目标、方向与憧憬，但不该成为终极追求。我们都不是神，能力有限，精力有限，条件有限，苛求完美就是跟自己过不去，就是给自己背上沉重的心理包袱。

有一个圆，被人劈去了一小部分，这件事让它感到很自卑，它一心想找回完整的自己。于是，它四处奔波，寻找属于自己的那块碎片。因为自己不是完整的，所以滚动起来很缓慢。一路上，它与鲜花为伴，与昆虫为伍，问它们是否见过自己缺失的那部分。期间，它也找到过很多碎片，但都跟自己不匹配。它并不气馁，继续寻找着。

终于，功夫不负有心人。有一天，它在草丛里找到了自己的那块碎片，并且让自己重新成了一个完整的圆。这一回，它滚得很快，快得让它自己都觉得有点晕，看不清周围美丽的花海，听不到虫儿的呢喃，感觉不到生活的美好，它突然觉得，做一个完整的圆其实也没那么好。意识到这一点，它毅然丢掉了那块历经千辛万苦才找到的碎片。

世上的事情总不能皆尽人意，事事苛求完美就会让自己动惮不得，因为怎么做似乎都无法达到满意。其实，这就是在难为自己。想想看，正因为有了不完美，所以才有了追寻的方向，才有努力的动力，才有生活的意义。当一切都完美无缺，再没有任何可以修补的地方了，也就无法体会当自己得到了一直追求的东西时的那种喜悦了。

从完美主义的自怨自艾中挣脱出来，我们能够更从容地面对人生。

07.想让所有人满意，注定是徒劳

刚参加工作时，表哥就对丽莎说："工作有一半是干活，另一半是人际关系。"这句话给初出茅庐的丽莎带来了不小的影响。读书的时候，她也从报纸、网络、电视上了解到一些职场的潜规则，现在又加上表哥的嘱咐，她更觉得职场是个危险之地了。

入职后，丽莎在公司里一直小心翼翼，可即便如此，还是过得很辛苦。

偶尔，她因事到上司的办公室去一趟，回来就有人议论，说她是一个"马屁精"，喜欢背后打小报告。后来，如果没有特殊情况，丽莎都不敢去上司的办公室，就只在网上沟通。

有一次，开会的时候，上司让丽莎发言。丽莎没想那么多，毕竟是部门会议，她就直言不讳地说出了自己的想法。结果，第二天早上，就隐约感觉同事对她的态度有变，似乎是觉得她一个新人太过自满，目中无人。自那以后，丽莎在人多的时候尽量保持中立的态度，再不敢当"出头鸟"了。

这些乱七八糟的事，扰乱了丽莎的心绪，她不想得罪任何人，想跟每一个同事处好关系，赢得一个好印象。可这样的初衷，太难实现了。在职场上，幻想着"人人都喜欢自己，人人都支持自己，人人都对自己的言行感到满意"，无异于白日做梦。更要命的是，这种做法给她自己的工作带来了很大的影响。

丽莎只知道要跟同事相处融洽，不能轻易“得罪”任何人，所以别人要她帮忙时，她向来都是有求必应。好几次，为了帮同事的忙，她自己回家熬通宵，最后换来的不过就是一句“你太好了”“回头请你吃饭”，可剩下的残局没有人帮她处理——自己的工作落下很多，思路被打断，寝食难安，被上司批评。

像丽莎这样，总想着让别人都满意，这种不切实际的期望，其实就是完美主义情结的体现。背负着如此沉重的包袱，注定她会在职场路上如履薄冰、顾虑重重。有谁能让所有人都满意呢？这根本就是不可能的事。

如果现在的你，正在饱受这样的煎熬，那你一定要及时转变自己思维习惯和生活方式。要知道，嘴巴是别人的，生活是自己的。太过在意别人的看法，用别人的肯定来约束自己的行为，会给心理造成巨大的压力。你会无时无刻要求自己保持完美的形象，要求自己把事情做到无可挑剔，因为你害怕别人看到你的缺点和疏失，然后以此作为说辞来否定你。慢慢地，无论做人做事，你都会放不开手脚，失去积极主动的活力，连创意和主动性都会消失。

有人的地方就有口舌是非，就有意见和批评。时刻都想着别人的看法，只会越活越痛苦，越活越没有自我。把目光从别人的身上转移开来，不要把自己看得太重要，也不用猜想别人会怎么看自己。顺其自然地做自己，不再奢望得到别人的好评，不再想逃避别人的否定和苛责，才能把自己该做的事做好，才能感到轻松和舒服。

Chapter6

蛮干是无用的，努力得讲方法

01.事先思考，磨刀不误砍柴工

一个工人在伐木场找到了一份不错的工作，他满怀信心地想做好这份工作。

上班第一天，老板给了他一把斧子，让他到人工种植林里去砍树。他卖力气地干了起来，整整一天他都挥舞着斧子，砍倒了19棵大树。老板很满意，夸他做得不错。工人很受鼓舞，决定今后要更加卖力地做事，以感激老板的赏识。

第二天，他依旧很拼命地做事，但身体却出现了不适，先是腿又酸又疼，而后胳膊也累得抬不起来。尽管已经很努力了，但工作成绩并不理想，只砍了16棵树。他心里很失落，自己明明比前一天更认真、更卖力，得到的却是这样的结果。工人心里想，肯定是自己还不够努力，如果一直这么下去，老板肯定会认为自己在偷懒。

到了第三天，他投入了双倍的热情去砍树，直到把自己累得瘫倒在地上。可让他失望的是，他只砍倒了12棵树。他是一个诚实的人，内心觉得愧对老板开给自己的高薪，就主动跟老板说明了情况，还检讨说自己太没用了，越是卖力气越不出成绩。

老板听后，只问了他一句话："你多久磨一次斧子？"

工人一听愣住了，说："我把所有时间都用在砍树上了，哪儿有时间磨斧子啊？”

虽然这只是一个故事，可你有没有从中读出点儿什么？置身事外的时候，很多人也许会觉得伐木工人憨厚可爱，就知道卖力气干活，可当类似的情况发生在自己身上时，我们往往也不知道问题出在哪儿。因为真的已经很努力了，却总是得不到想要的结果。

踏实肯干是值得肯定的做事态度，可这不意味只要我们肯花时间、肯下功夫，就能够高效地完成任务。实践告诉我们，工作不是只做事就行了，还要讲究做事的方式方法。在砍柴之前，先把要用的刀具磨得锋利，才能在最短的时间内，砍到更多更好的木柴。

刚到新单位做总账会计的孙某，每天忙着记账、理账、订账，还要不断地接待访客，和那些有业务关系的单位联络，每天都是早早地来，迟迟地归，就像陀螺一样不停地转，可仍旧觉得时间不够用。

起初，他还自我安慰地说：“没事儿，忙一点充实，要是不忙就得失业了。”所以，有一段时间，他沉浸在忙碌的喜悦中，觉得挺有成就感，尤其是领导到会计室来的时候，他都在工位上不停地忙着，心想着这样的表现肯定能给自己加分。

一天上午，领导把孙某叫进办公室。落座后，领导很关切地问他近来的工作情况。他毫不谦虚，把进入单位后的忙碌状态以及所做的事务详尽地作了汇报，最后还说了一句“很忙，但很充实，很快乐”。凭自己的感觉，以及领导听汇报时的神情，他想着一定能得到领导的肯定和表扬，甚至还有可能给自己加薪。

然而，这一切都是他自以为是的臆想。领导听后，沉默了片刻，语重心长地对他说："你这样忙碌，是不是需要休息几天调整一下？"他没听出领导的弦外之音，顺势就说了一句："好啊！"说完，他就后悔了，立刻改口："啊，不用不用，我年轻精力旺，能扛得住，不需要休息。"

"在你之前的王会计，是单位的总账会计，兼管着下面一个小厂的账目，工作不算紧张。你接替了他的工作后，我担心你一时间适应不了，就没有让你兼职。我观察了一段时间，看你每天这么忙，就在考虑是否需要给你一点时间来思考，校正一下方向再继续做？"领导提出了自己的看法和建议。

孙某一时间懵了，领导是什么意思？是在提醒自己工作能力不强、做事效率不高吗？他刚刚的得意劲儿全没了，后背开始冒冷汗。领导最后决定，给他两天时间休息调整，把手机关了单位的任何事情都不用管，两天后再来上班。

焦急的孙某心里很不安，他特意登门拜访自己的老师王会计。经过指点，孙某终于明白自己的问题出在哪儿了。两天后，他回到单位，把近期手头上要做的事情列了一个清单，又排了一个时序，用电话逐一安排下去；对前来报账、结账的人，一边接待一边通知下次来的时间段。经过两天的调整，他发现办公桌前围的人明显少了很多，电话也不再频繁响起了，他也终于有时间起身给自己泡杯茶了。

半个月后，领导再次找到孙某，把那个小厂的账目也交给了他来负责。

犹太人的生存法则之一是保持勤勉的习惯，但同时他们也牢记着《塔木德》中的教诲："仅仅知道不停地干活显然是不够的。"他们对成功的理解并不寻常，往往都是在我们认为很常见、很普通的行为中，奇迹般地发挥着杠杆效应。

拖延的人不一定都是因为懒，还有一种原因是，只知道盲目做事，不善于思考，工作更多靠手，很少用脑。任劳任怨固然可贵，可现代社会更看重的是工作效率，而不完全是谁流的汗水更多。有苦干实干的精神可嘉，但要获得高效，更要懂得思考、练就做事的技巧。

02.贪多嚼不烂，一次只做一件事

现代人的生活节奏越来越快，处在移动互联网时代，信息越来越碎片化，我们特别喜欢点击这样的文章："如何轻松月入过万""21天学会英语""掌握这个方法月瘦10斤"……瞬间，脑海里就给自己设定了不少的目标，陷入"什么都想做，做什么都想快速成功"的陷阱中。殊不知，目标太多并不是一件好事，可能一不留神就弄得满盘皆输，一无所获。

心理学家爱德华·哈洛威尔做过一个形象的比喻："一心多用就像是打网球时用了三个球，你以为你能面面俱到，以为自己的效率很高，可以同时做两件或者多件事情，实际上不过是你的意识在两个任务之间快速切换，而这每一次切换都会浪费一点时间、损失一些效率。"

在私企做秘书的Amy总是抱怨说："每天要做的事情太多了，都快忙死了，有时还要去银行办业务，去给客户送资料……真是焦头烂额。"

同样是做文秘工作的Kelly，所在的企业规模更大，工作量也更多，但她却一直游刃有余，下班后总能去新餐厅尝鲜，周末还可以跟朋友郊游，且业余时间还出版了一本小说。

乍一看，有人会说，两者的差距在于心态。但实际上，心态并非主要原因，工作无头绪、杂乱无章才是关键。Amy的状况经常是这样：原本正在全神贯注地做一件事，突然电话铃响了，同事找她帮忙，上司又安排了新任务……迫不得已，她只好中断手里正在进行的工作。来回折腾几个回合，最后哪件事情也没完成，刚刚理清的思路也乱了。

Kelly则不同，不管手头面临的事务有多少，她每次都只做一件事。一件事彻底解决掉，再开始另一件，不会把两者混在一起。她知道，试图同时做几件事，会陷入“什么都想做，什么都做不好”的怪圈。思考最大的敌人就是混乱，太多的讯息会阻碍正常的思考，就像电脑的内存塞满了处理命令，会导致运行缓慢或死机是一样的道理。

爱迪生有多项发明，在他看来，高效工作的第一要素就是专注。他说：“能够将你的身体和心智的能量，锲而不舍地运用在同一问题上而不感到厌倦的能力就是专注。对于大多数人来说，每天都要做许多事，而我只做一件事。如果一个人将他的时间和精力都用在一个方向、一个目标上，他就会成功。”

我们要明白一个道理：贪多嚼不烂，一次做一件事，就不至于在乱忙中拖延，或者造成返工、不可挽回的错误。想要专注做好一件事，有两个前提条件：

· 一次只定一个目标

有目标是好事，但目标太多会让人迷乱，到头来会一事无成。很多拖延的人，不是能力不够，而是朝秦暮楚，做事不专心。鱼和熊掌两者不可兼得，要学会取舍，不可贪多，要学会求精，一次只做一件事，全身心投入，努力将其做好。

·心无旁骛地专注

人的精力很有限，如果把精力分散在几个方面，不但很累，还容易做不好。昆虫学家法布尔说过：“把你的精力集中到一个焦点上试试，就像凸透镜。”专注，就是要聚集自己所有的时间、心智、体力、智慧、思想在一件事情上，让它产出最好的效果。

做事就像拉抽屉，一次只拉开一个，满意地完成抽屉内的工作，再把抽屉推回去。不要总想着把所有的抽屉都拉开，那样会把一切都搞得混乱，让自己精疲力尽，却得不到好结果。

要相信爱默生所说：“专注，热爱，专注于你所期望的，一定会有所收获。”

03.分清轻重缓急，减少手忙脚乱

很多拖延的人，在做事方面特别“随性”，想起一出是一出，不想做了就搁下，再去忙活其他的……结果，重要的事拖到了最后才想起来做，中途忙活的工作也没什么起色，忙来忙去，落得一场空。

做事有先有后，循序渐进，是保持高效的一个重要前提。如果做事时分不清轻重缓急，不知道哪些事该先做，哪些事可以放一放，就会陷入到瞎忙的状态中，眉毛胡子一把抓，把自己弄得相当狼狈。

Amelia在一家外企做总经理助理，尽管事务繁多，但她每件事都处理得很好，是总经理得力的帮手，薪水连涨。细心的她发现，公司有很多员工在执行任务时都会拖延，比如需要上交一份重要的文件，却迟迟交不上来，得催上两三次；且做事不分清轻重缓急，不分主次。

她观察了几个星期，发现还有不少员工在正常的上班时间并不是很专心，而是在聊天、刷网页，等下班之后却开始焦头烂额地工作，有的甚至要熬到半夜才回家。到了第二天，他们依旧循环往复地保持这样的做事习惯。

事实上，多数同事的工作任务并不繁重，却非要加班完成，搞得满身疲惫，但他们自己却没有意识到这个问题。之后，借助午饭闲聊的机会，她跟同事们说：“看你们加班挺辛苦的，我有个办法推荐一下，不知道大家愿不愿意试试？”一听说能摆脱加班的烦恼，大家都想“取取经”。

Amelia说：“做事之前，先用一张纸，把自己一天要做的事写下来，再用四象限法则合理地按顺序标注。首先，做‘重要且紧急’的事情；然后，做‘重要但不紧急’的事情；接下来，做‘不重要但紧急’的事情；最后，做‘不重要也不紧急’的事情。”

大家听得云里雾里，什么“重要不重要”“紧迫不紧迫”呀？为了给大家解释清楚这个问题，Amelia特意做了一个PPT，详细介绍“四象限法则”。

·第一象限：重要且紧急的事

这类事情是最重要的事，且是当务之急要解决的。它们可能是实现事业和目标的关键环节，也可能与我们的生活息息相关，比其他任何一件事都值得优先处理。唯有先把这些事合理高效地解决掉，我们才有可能顺利地进行其他工作。

·第二象限：重要不紧急的事

这类事情需要自发的主动性、积极性和自律性。不夸张地说，我们处理这种事情的好坏，直接决定了我们对事业目标和进程的判断能力。生活中，多数较为重要的事都不是很紧急，比如培养感情、节制饮食、读几本有用的书，但这些事情关乎我们的家庭、健康、个人学识，它们很重要，但并不紧迫。正因为此，很多时候我们才一直拖着不去做。直到有一天，看到了不好的结局，才后悔当初为何没有早点重视，早点解决。

·第三象限：紧急不重要的事

这类事情在生活中很常见。比如，你刚刚准备写点东西，突然间来了一条手机短信，提醒你手机要充值了。这个时候，你停下工作去充值，完成之后再回来工作，但这个时候思绪已经被打断了，需要一段时间来缓冲，才能进入工作状态。工作中很多任务被拖延，就是因为这些紧急但不重要的事的干扰。

·第四象限：不重要不紧急的事

从字面意思可以看出，这些事情既不紧急也不重要，那就不值得花费时间去做。一个人的时间和精力是有限的，这样的事能不做就不做。比如，看电视、听音乐、玩游戏。如果确实需要做，那就限定时间，比如写博客限定一小时，看电视一小时，时间一到就马上停止，不要让这些无聊且无关重要的事缠住。

果不其然，在掌握了这一套工作方法之后，有好几个同事都跟Amelia反馈，虽然工作量跟平时一样，但处理问题不那么慌张了，时间也显得充裕了。之后，Amelia跟总经理申请，能否定期组织培训，让员工掌握更多有效的工作方法，提升整体的工作效率？对公司有益的事，这样的投资，总经理自然也是愿意的。

一年后，Amelia所在的公司，各部门的效率都明显得到了提升。

由此可见，工作方法是很重要的，同样一些任务，转变做事的先后顺序，结果就可能大不一样。举个最常见的例子，很多人误以为紧急的事就是重要的事。事实上，如果紧急的事对于完成某项重要的目标没有

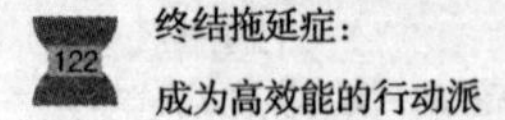

丝毫帮助，那就要把它放在紧急但不重要的事中。

比如，住院开刀，这是紧急又重要的事，必须在最短的时间内完成，这有助于健康；如果是朋友邀约马上出门逛街，确实紧急，可它并不太重要，对你完成工作丝毫没有益处，那它就算不上重要的事。

通常，最耗费时间和精力的，是那些重要但不紧急的事。这类事情，往往是一个长期的计划，一个长远的目标，如果不能按部就班地去做这些事，它们最后就会演变成“重要且紧急的事”，但因为难度较大、内容较多，又很难在短期内完成，这时就会导致拖延，甚至带来巨大的负面影响。

所以，从现在开始，试着把你要做的事情，分别填入四个象限中。这样一来，你就知道自己该先做什么，后做什么了；也能够清楚，哪些事需要循序渐进地做，不能一日拖一日。做到心中有数，忙而有序，更容易达到预期的目标。

04.把难题拆分成若干个小问题

要把卫星送上地球轨道，有一个必须的条件，就是火箭要达到每秒7.9千米的第一宇宙速度。20世纪初，科学家们发现，单级火箭无论采用性能多么好的固体或液体燃料，按当时的技术所能达到的最大速度也只有每秒6千米。也就是说，在当前技术条件下，单级火箭根本达不到发射卫星的要求，更别提用更快的速度飞向月球，飞向深空了。

后来，有人提出“分级火箭”的想法，问题一下子就豁然开朗起来：把火箭分成若干级，第一级将其送出大气层时便自行脱落，以减轻重量。然后第二级火箭点火，加大速度继续飞行，燃料用完后关机并自行脱离。再然后第三级火箭接着点火飞行，直到速度提高到所需数值，把卫星或飞船等有效载荷送入预定轨道。

火箭分级设计的思想，对我们的实际生活有很大的启示。我们都知道，工作的实质是解决问题，但不是每个问题都是一块好啃的“骨头”。有时，我们不是故意要拖延，而是面对一项艰巨的任务，不知道该从哪儿“下嘴”？抑或任务太过繁重，让我们心存畏惧和疑虑，总觉得用尽浑身解数也无法解决，望而却步、裹足不前。

这个时候，就需要我们加强思考了。想要高效地做事，不能只靠体力，还需要动脑，找到最优的解决策略。面对巨大的任务，如果能把它分解成若干个小任务，有针对性地去攻破，往往就能拨开云雾见青天。

1872年，“圆舞曲之王”约翰·施特劳斯来到美国。当地有关团体很快就来访问，请求他在波士顿指挥音乐会，施特劳斯爽快地答应了。可是，谈到演出计划的时候，他却被这个规模惊人的音乐会吓了一跳。

原来，美国人想要创造一个世界之最，让施特劳斯指挥一场2万人参加演出的音乐会！一个指挥家一次指挥几百人的乐队，就已经是一件很不容易的事情了，何况是2万人？施特劳斯想了想，居然又答应了。

演出那天，音乐厅里坐满了观众。施特劳斯指挥得非常出色，2万件乐器奏起了优美的乐曲，观众们沉浸在音乐中陶醉不已。演出如此成功，得益于施特劳斯的“妙招”：他作为总指挥，下面有100名助理指挥。总指挥的指挥棒一挥，助理指挥紧跟着相应指挥起来，2万件乐器齐声奏响，合唱队的和声响起。

遇到这样别开生面的超大型演出，就算是资深的指挥家，也未必有施特劳斯的勇气和胆量。相信他在接下这个任务的时候，就已经想到了解决的办法，那就是把问题分解成多个版块，把大难题化作小难题，把大压力化解成小压力。

许多任务看起来很难处理，但如果能学会把令人望而生畏的问题分解成若干小问题，往往就能快速地征服它们。对我们来说，要成为高效能的工作者，“切牛排式”的工作方法，是必备的技能，用它来处理复杂的问题，会容易很多。

05.化繁为简，效率来自于简单

一家杂志社曾经举办过一项有奖征答活动，题目很有意思：

一个热气球上，载着三位关系着人类命运的科学家。第一位是粮食专家，他能在不毛之地甚至在外星球上，运用专业知识成功地种植粮食作物，使人类彻底摆脱饥荒；第二位是医学专家，他的研究可拯救无数的人们，使人类彻底摆脱诸如癌症、艾滋病之类绝症的困扰；第三位是核物理学家，他有能力防止全球性的核战争，使地球免于遭受毁灭的绝境。

由于载重量太大，热气球即将坠毁，必须丢出去一个人以减轻重量，使其余的两人得以存活。请问，该把哪一位科学家丢出去呢？

征答活动开始后，社会各界人士广泛参与，一度引起了某电视台的关注。在收到的应答信中，每个人都绞尽脑汁，发挥自己丰富的想象力，阐述他们认为必须将哪位科学家丢出去的原因。那些给出高深莫测的妙论的人，并没有得到奖金，最终的获奖者是一个14岁的男孩。他给出的答案是：把最胖的那位科学家丢出去！

这个故事告诉我们，很多事情其实很简单，只是我们把它想得太复杂了，以至于在解决问题的过程中，费了大量不必要的功夫。当然，这也很容易解释，长期以来，我们接受的普通教育和大多数训练都指导我们把握每一个可变因素，找出每一个应对方案，分析问题的角度应尽可能多样化。久而久之，我们就习惯了一种定式思维：最复杂的就是最好的。复杂化的问题从小就开始伴随着我们，成为我们生活和工作的一部分。

可很多时候，我们也会看到一些“特别”的人，他们做事又快又好、效率很高，似乎毫不费力就能把工作完成，根本无须加班，也不会忙得废寝忘食，从来都是轻松愉悦的。其实，这里面的秘密就是，他们知道如何把问题化繁为简。

美国通用电气公司前CEO杰克·韦尔奇说的话：“你简直无法想象让人们变得简单是一件多么困难的事，他们恐惧简单，唯恐一旦自己变得简单就会被人说成是头脑简单。而现实生活中，事实正相反，那些思路清楚、做事高效的人们正是最懂得简单的人。”

举个例子，美国太空总署发现，在太空失重的状态下，航天员无法用墨水笔写字。于是，他们花了大量经费，研究出了一种可以在失重状态下写字的太空笔。对于这个问题，俄罗斯人的解决办法就简单了，他们选择用铅笔。

我们总是习惯性地把问题复杂化，以为事情总在朝着复杂的方向发展，但实际上，复杂会造成浪费，而效能则来自简单。我们做过的事情中，可能有很大一部分都是没意义的，真正有效的活动就只是其中的一小部分，而它通常隐含于繁杂的事物中。因此，我们要学会从简单的地方入手，找到关键部分，去掉多余的活动，利用简单的手段解决复杂的问题。

美国的唐纳德在《提高生产率》一书中，曾经提到过提高效率的“三原则”：为了提高效率，每做一件事情时，应该先问三个“能不能”：能不能取消它？能不能把它与别的事情合并起来做？能不能用更简便的方法来取代它？

上述的内容，为我们化繁为简提供了一个可靠的思路。总之要记住，无论做什么事，最简单的方法，就是最好的方法。追求简单，事情就会变得越来越容易。反之，任何事都会对我们产生威胁，让我们感到棘手，精力与热情也跟着下降，陷入拖延中。化繁为简，能让工作变得可行，还帮我们逃离忙碌的苦海深渊，轻松完成任务。

06.集中注意力，远离嘈杂干扰

现代社会，无论是工作还是学习，所处的环境都很“嘈杂”。

这个“嘈杂”，并不是说建筑物旁马路上的鸣笛声、办公室里的机器声、恼人的电话铃声。纵然没有这些有声的事物，我们的心神也会被QQ、E-mail、微博、微信等通信软件干扰，这才是打断我们工作进度最大的“拦路虎”。经常拖延的人，多数都很容易受外界的干扰，无法专心地做事，导致效率低下。

新的一周开始了，李昊发誓这个星期绝不拖延工作，一定得把调研报告写出来。

刚打开word，电脑桌面上的小企鹅图标就开始闪动个不停，是高中的老同学发来的消息。他们已经有一年多没联系了，李昊放下手中的工作，和老友寒暄了半个多小时。刚关掉聊天对话框，又收到一封Email，同事阿梅发来的，请他帮忙做个PPT，说下午开会要用。

做完PPT，李昊去了趟洗手间，又喝了一杯咖啡，准备开始忙活自己的工作。结果，老板突然宣布召集集体会议。等会议开完，就到了午饭的时间，一上午就这么过去了。

午饭之后，李昊没有休息，想着赶紧工作。这时，上大学的妹妹发微信过来，和他诉说烦恼，看样子是受了委屈。身为大哥，他心疼妹妹，不能置之不理。等安慰好妹妹的情绪，已经到了下午两点，李昊的调研报告还是一页空白的文档。

李昊的情况并不是特殊的个案。巴塞克斯研究公司证实，我们每小时要被打断11次，这些干扰占据了我们工作时间中的一个半小时。工作的任务是固定的，耽误了的工作时间，总要用娱乐和休息的时间来弥补，结果就导致睡眠不足、压力骤增。

很多习武之人，表面看上去与常人无太大差异，但是真正进入格斗状态后，那些看似是仙风道骨的侠客的人，能爆发出常人难以承受的巨大力量。这是因为，习武之人有过运功的训练，他们懂得如何集中全部精力施展自己的武功。

工作也是一样，提高专注力才能出效率，只有高效率才能减少拖延。那么，面对那些时刻存在的干扰，用什么方法才能提升专注力呢?

·主动营造免干扰的环境

决定开始一项工作时，可以主动自己营造一个免打扰的环境。比如，把电脑桌面上所有的私人社交、娱乐窗口页面全部关掉；不得不处理的邮件，安排一个固定的时间点处理。这样一来，就能减少很多来自网络的干扰。

·培养对嘈杂的免疫力

法国生物学家乔治·居维叶说：“天才，首先是注意力。”

现实中，我们不但会受到网络的各种干扰，还要面对生活环境中的一些干扰。此时，就要学会提升对嘈杂环境的免疫力。

不少名人都曾故意让自己置身于吵闹的环境中，以此锤炼内心的宁静。据说，股神巴菲特为了培养自己的注意力，让心绪少被外界因素干扰，每天特意带着书去菜市场去看。这种做法，让他养成了日后在任何时间、任何地方都能很好地学习的能力。

·寻觅一个幽静的场所

在喧嚣恶劣的环境中，强迫自己集中注意力，是一个提升自在心性的考验，但对于大多数人来说，这并不容易做到。如果你感觉外界环境给你造成了干扰，而你无法对其免疫，那不妨带着电脑和学习资料，寻觅一处安静的场所，如咖啡厅、图书馆。

总之，要抵制那些零碎的干扰，克服拖延，需要通过自我和外界的共同作用。自控力强时，可通过自制力来排除干扰；自控力差时，想办法为自己创造条件排除干扰。

07.把杂乱不堪的桌面整理干净

杂乱不堪与拖延之间到底有没有关系？

有专家做过研究，结果发现：那些桌面凌乱不堪的人，往往都是工作效率低下的拖延症患者。至于原因，再简单不过，每天都要花费一定的时间来找东西，原本半分钟就可以搞定的事，却因为东西混乱不堪而耽误正事。

Y是一名销售型设计师。这份工作不同于传统的设计师，不但需要设计图纸，还要跟业主及时沟通对接。Y每天忙忙碌碌，恨不得一天二十四个小时都用来工作，总有一些事情拖着后腿，似乎怎么都做不完。

Y经常跟朋友抱怨，说时间不够用。朋友自己经营着一家小公司，现处于起步阶段，也是身兼数职，但没感觉像Y说得那样疲惫不堪。后来有一次，朋友去了Y的办公室，这才明白Y的问题出在哪儿？

走进Y的办公室，朋友就看到Y杂乱无章的办公桌，各种图纸、笔等物件随意地堆放在一起，桌子的空间只能放下两只手，一点空余之地都没有。桌子边上的文件架，无序地插满了各种文件夹，有之前业主的资料，有初稿，有新稿，有设计需要用到的参考资料和公司的文件，全部无序无归类地乱放在一起，文件架上还歪斜地放着几本名著，上面落满了灰尘。

再看Y的电脑显示器，屏幕周围被贴上了五颜六色的便利贴，参差不齐。便利贴上记录的内容，有的是之前的合作日期，有的是合作业主的联系方式，或是紧急事情的提示，或者是资料存放的提醒。

就在这时，Y的合伙人打来电话，让他把前阵子某个业主的设计稿找出来。他先是看了一眼杂乱无章的桌面，然后就在一堆文件夹里盲目地乱翻，看起来焦头烂额。十几分钟过去后，领导再次打来电话催促，可Y还是没有找到设计稿。最后，他只好硬着头皮说，下午找到再给对方送过去。

朋友目睹了这一幕后，跟Y说："我建议你，还是把办公室好好收拾一下吧！你把这件事情做好了，就不至于手忙脚乱了。我在这待了半个小时，一直看你找东西，这都是时间啊！"

事实就是这样，处在乱糟糟的办公环境中，不但要耗费大量的时间和精力在找东西上面，还会影响工作的心情。试想一下：谁看到一大堆乱七八糟的东西，不觉得心烦意乱呢？还没有开始工作，就已经焦虑不安了。

芝加哥西北铁路公司的董事长罗南·威廉士说："我把处理桌子上堆积如山的文件称为料理家务。如果你能把办公桌收拾得井井有条，你会发现工作其实很简单，而这也是提高工作效率的第一步。"

的确如此，保持桌面整洁，可以有效地减少拖延发生的概率。那么，对我们而言，具体该从哪几方面着手做起呢？这里有几点小建议，不妨一试：

·收起那些可有可无的东西

电脑、鼠标、键盘，这些都是我们平时工作要用的，不必收起来。但是，那些小摆件、订书器、文件夹等可用可不用的东西，最好收在抽屉里。如果都摆放在桌子上，一来会影响视线，二来容易让我们在计划某项工作的时候看到某个物件而分神，无法专心思考。

·只留下现阶段用的资料

要保持视线开阔，就不能把所有的资料和工具都堆积在桌面上。现阶段需要用什么资料，就把它们放在触手可及的地方。一旦完成了这个项目，就把资料收起来，拿出下一个项目需要用的资料，这样能够节省不少空间，也能让我们更专注。

·工作结束后清理桌面

每天下班后，花上两三分钟的时间，把桌面清理干净，并把第二天的计划放在桌上。这样，第二天早上上班，看到干净整齐的桌面，心情也会舒畅。更重要的是，不必再花费时间清理，能够立刻投入到工作中。

·整理好电子文件

除了办公桌上可见的物品外，电脑里的那些文档也要分门别类地整理好。这样的话，无论找什么文件，都可以迅速地知道它在哪个盘、哪个文件夹里，可以节约不少时间。

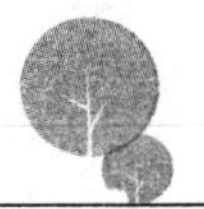

Chapter7

改变不了时间，可以利用时间

01.别再拿“5分钟”不当回事儿

雷曼曾经说过：“每天不浪费或不虚度或不空抛的那一点点时间，即使只有五六分钟，如得正用，也一样可以有很大的成就。游手好闲惯了，就是有聪明才智，也不会有所作为。”

很多时候，拖延的人之所以没有作为，是因为他们轻视了积累的力量，总在不自觉地浪费时间。比如，他们经常认为，做一件事情就得留出大片空白时间，可一天24小时，真正整块的时间并不太多，有各种各样的琐事掺杂在其中，吃饭、喝水、上厕所、接电话等。即使刨除这些琐碎的事情，专门预留时间去做一项工作，真到了做的时候也会发现，看似大把的时间，用起来是很快的，甚至还不够。

有没有什么办法能够解决这个问题呢？和大家分享一个故事：

卡尔曾经是Mark的钢琴老师。有一次，他给Mark上课时，忽然问道：

“你每天要练习多长时间的钢琴？”

Mark说：“三四个小时吧。”

“每次练习，时间都很长吗？”

Mark答：“是的，我觉得这样才好。”

卡尔摇摇头，说：“不，不要这样，一有空就练习几分钟，这样安排更好。比如，你在去学校之前，或者吃过晚饭后，5分钟、10分钟地去练习。把小的练习时间分散在一天里，弹琴就成了你日常生活的一部分。”

当时的Mark只有13岁，对于卡尔老师给的建议，还不能完全理解。可是，等到十年以后，他再回想起这番忠告，觉得简直是至理名言。按照卡尔老师所说的办法，他得到了不可限量的益处。

后来，Mark去了哥伦比亚大学教书。在担任教师期间，他想兼职从事创作，可是时间真的很有限，要上课、看卷子、开会，这些事情几乎把他的时间都占满了，想腾出点专门的时间去写作，根本不可能。大概有两年的时间，他一字都没写，理由就是“没时间”。

偶然的一天，他猛地想起了卡尔老师说过的话，恍然大悟。到了下一周，他就把卡尔老师的话付诸实践，只要有5分钟左右的空闲时间，他就坐下来写上几行字。出乎意料的是，在那个星期的末尾，他竟然写出了不少的稿子。

后来，他又用积少成多的办法，创作长篇小说。虽然Mark的授课工作一天比一天繁重，但每天依然有不少能够利用的短时间。与此同时，他还坚持练琴，钢琴通过了9级。他意识到，那些短短几分钟的时间，足以让他完成创作和弹琴之事。

实际上，卡尔老师教给Mark的方法，与“瑞士奶酪法”如出一辙。

“瑞士奶酪法”是美国时间管理之父阿兰·拉金提出来的，意思是在一个比较大的任务中，用“见缝插针”的方法，充分利用零碎的时间，而不要消极地等待整块的时间出现。这种方法对于启动一个项目，或是启动之后保持连续性，都有很大的益处。

“瑞士奶酪法”的意义在于，它重视任何一段时间的价值，不管这段时间是多么微小。假如你的任务需要20个小时才能完成，这并不意味着，你一定要单独拿出20个小时的整块时间专门做这件事，你只需要5分钟、10分钟，就能够完成多个重要的步骤。

这种方法也很务实，在这个忙碌的时代，单独拿出20个小时太难做到了，可找出5分钟、10分钟的时间，却并不难。非要固执地等着整块的时间，很可能会无休止地等下去。

这样的体验想必很多人都有过：想找一天时间来看一本书，找了很久，好像都没有空。然后，这本书就被搁置了，放了一年、两年甚至更久，都没有被翻开过。假如每天睡醒之际，坐在床头翻看5分钟或10分钟，一本书永不了多久也就看完了。

那么，“瑞士奶酪法”都能怎样使用呢？这里介绍三种方法，供大家参考：

·嵌入式

当你完成了一个项目，即将开启另外一个项目时，中间肯定会有一段空白的时间。抛去休息的时间，根据每个人效率的高低，这段时间可能会被耽搁5分钟，也可能被耽搁半小时。嵌入式的方法，就是把两项任务转换过程中的时间，充分利用起来。

举个例子，你现在完成了一篇文章，准备写下一篇，在这个空当里，你可以发一个快递，或者发一封邮件，用不了多久，但也算是完成了一项小任务。

·并列式

在一个时间段里，同时做两件或多件事。比如，在跑步机上快走的时候，可以看一场电影，或是听一本书。这样一来，两者兼得，还能让运动变得有趣。

·积累式

上文中讲到的案例，就是用的这种方法，化零为整，利用多个零碎时间完成一项任务。

总之，我们要改掉“非此即彼”的错误观念，不是只有整块的时间才能完成某项大任务，那样的话，很容易让拖延钻了空子。如果能够意识到，“小有所成”也是有价值的，零碎的5分钟、10分钟，就不会再被无视。

02.拉开人生差距的是那些空闲时间

美国麦肯锡公司曾经以“人们所拥有的空闲时间”为研究对象，做过一个调查。

抽样调查的结果表明：美国城市居民每周平均每日工作时间为5小时1分钟；个人生活时间为10小时42分钟；家务劳动时间为2小时21分钟；闲暇时间为6小时6分钟。这四类活动时间分别占总时间的21%、44%、10%和25%。人们每一天都是这样度过的。随着时代变化，人们的闲暇时间已占到一个人生命的1/3。

中国人每天在电视前的时间是3小时38分钟，日本人和美国人每天在看电视上花费的时间分别是1小时37分钟和2小时14分钟。此调查报告还标明：本科以上高学历者的工作时间是低学历者的3倍，平均日学习时间为50分钟，收入是低学历者的6倍以上。

这说明什么呢？看似不起眼的零碎时间，累积起来是非常惊人的。如果我们放任其流逝，便得不到任何回报；如果我们能抓住零碎时间，将其用来学习、工作，或者丰富自己，将会得到许多意料之外的收获。拉开人的差距的，往往就在于如何利用空闲时间。

大文豪鲁迅先生，一生创作了600万字的作品。这样的成就，除了怀着一颗悲悯的爱国之心以外，更重要的是对时间的利用。就如他所说："我把别人喝咖啡的时间用在了写作上。"

有一个现实我们要了解，时间常常不是以小时为单位浪费的，而是一分钟一分钟悄悄溜走的。新东方教育集团创始人俞敏洪老师，曾写过一篇名叫《滑雪之外的读书观影》的文章，这是他带儿子去日本旅游时，写的一篇记事文章。在文章里，他讲述了他自己是如何在六天内，既不耽误自己和儿子的娱乐休闲，又读完六本完整的书、看了九部电影的经历。

他是怎么做到的呢？看看这些片段，大家就知晓了。

来回的航班各有五个小时，利用航班上的碎片化时间，他读完了《致所有疯狂的家伙》这本书，返程中又读完了《激荡十年，水大雨大》。到达了目的地后，利用度假中每天的吃饭前后、每天睡前休息的时间，读完了严歌苓的《你触碰了我》。他甚至连滑雪的时间都不放过，因滑雪需要坐缆车到山顶，他就利用坐缆车的20分钟，从口袋里拿出准备好的kindle，旁若无人地看起书来。

斯宾塞说过："必须记住我们学习的时间是有限的。时间有限，不只是由于人生短促，更由于人事纷繁。我们应该力求把我们所有的时间用去做最有益的事情。"

利用好每天的碎片化时间，自然就可以比别人做更多事情，拥有更多的阅历和体验。纵观那些优秀的成功人士，几乎每一位都是把时间当成最宝贵的东西，没有一个不为浪费时间而感到痛苦，更没有一个把重要的事无止境地往后拖。

或许你想通过多阅读，让自己成为一位落落大方、博学又有内涵的人；或许你想减肥瘦身，想拥有曼妙健康的身材；或许你想学一门乐器，多培养一份爱好……其实，只要你摒弃零碎时间无用的观点，不给拖延找理由，把闲散的时间利用起来，都可以达成。

诺诺每天都要乘坐公交车上班，从家里去单位要乘坐两趟公交车，中途换乘一下，大概1个多小时。路上的时间，她全都用在了看英文电影上。

之所以选择看英文电影，是因为诺诺用业余时间读了一个第二学位。要拿到学位，必须参加英语科目的统考，虽然难度不算太大，可英文已被搁置已久，得重新拾起来。然后，她就想了这个办法，利用看电影的方式，重新找回语感，熟悉单词和句型，同时练习听力。更重要的是，看一些比较经典的电影能够加深思考，对她的生活也有帮助。

这样的日子，持续了一年左右。诺诺第一次统考英语差了几分，没有达到及格线。可这次再考的时候，已经超过及格线近20分。过去的一年里，诺诺记不清自己具体看了多少部电影，但那些经典的台词、剧情都印刻在她的脑子里。后来，在撰写文案的时候，她经常会忆起电影里的一些情节，它们都成了非常好的灵感与素材。

换一种方式，诺诺要求自己“一年看50部电影”，恐怕很难做到。不只是她，多数人都觉得很难，理由无外乎就是：“没那么多时间啊！”可是，利用上下班路上的时间，两天看完一部是没问题的，一周至少能看2~3部，一个月看8~10部也很正常，半年下来基本上就能完成

50部的目标。这一切，根本不需要刻意找时间去做，在日复一日中就悄然完成了。

时间最不偏私，给任何人都是24小时；时间也最偏私，给任何人都不是24小时。关键在于，谁能把每1分钟的时间都利用到极致？玩抖音的功夫，可以用来收发邮件；和同事闲聊的时间，可以闭目休憩一会儿；路上等车、坐车的时候，可以顺便听书……生命是时间累积而成的，零碎时间也是生命的一部分，积少成多，聚沙成塔。

03.把时间和精力用在重要的事情上

在公司担任部门主管的H小姐，最近被工作累得几近崩溃。

早上九点来到办公室，桌子上就摆着一堆待审文件，还有一份重要的活动策划案。她看了一下，正琢磨要怎么处理时，另一位同事就提醒她，领导要召开临时会议，所有人都要去会议室。没想到，这个会直接开到了中午，刚走回办公室，就有电话通知，说有一位客户要来访，中午得安排应酬，跟客户谈事情。

到了下午两点多，客户才离开，没想到部门里还有一堆杂事等着，一会儿有人来询问，一会儿有人告知新任务。她一边回复，一边看邮件，正考虑先回复哪些的时候，领导又说目前的考勤制度有问题，需要调整一下，让她着手做这件事。

就这样，忙忙碌碌了一整天，等H小姐准备下班回家时，员工提醒她："那份活动策划您看了吗？还没有批示呢！"这时，H小姐才忽然想起来，早上看见的那一摞文件，依旧原封不动地躺在桌上。既然还有没干完的活，自然就得继续加班了。

上述的情形，是否让你觉得似曾相识？忙忙碌碌却没有成就感和满足感，依然觉得很多事情还压在手里，工作变成了一场"拉锯战"，熬得自己疲惫不堪？

对于这样的情况，相信很多人都会抱怨工作压力大、老板太苛刻。事实上，真正的问题不在于此，而在于工作方法不得当。

1897年，意大利经济学家帕累托偶然发现了英国人的财富和收益模式：80%的财富流向了20%的人群，而80%的人却只拥有20%的财富。尽管这个比例不是十分精确，但是大部分的价值比例在这个范围内有一定的波动。之后，他开始对此潜心研究，最后提出了具有普遍适用意义的“二八法则”。

所谓“二八法则”，指的就是80%的产出源自20%的投入。用在生活和工作中，它带来的启示是：要把有限的时间和精力放在最重要的事情上，利用更少的时间做更多的事，即忙到点子上。

大家不妨想想，钉钉子的时候，盲目用力也是不行的，必须把钉子垂直立好，让锤子的力量全都集中在钉子尖上，如此才能形成巨大的合力，让钉子钻进其他坚硬的物体中。所以说，高效率是要把时间和精力用在最具有“生产力”的地方，不能像老黄牛那样只知道低头拉车，不分轻重地蛮干、苦干。

打个比方，在你面前有一个铁桶、一堆大石头、一堆碎石、一堆细沙，还有一盆水，用什么样的方法才能把它们尽可能多地装进桶里？显然，用不同的方法，装进去的东西多少也不一样，这就是效率问题。

最好的办法应当是：先把大石头放进去，当铁桶“装满”后，再放碎石，碎石会沿着缝隙落下；而后再把细沙填进去，最后往里面加水，水就能融进沙子里。这样一来，铁桶里的每一寸空间都被充分利用起来。

工作的全部时间就如同这个铁桶，要处理的事务就像石头、碎石、细沙和水。石块象征着重要又紧急的任务，碎石象征着重要但不紧急的事务，细沙象征着紧急但不重要的事务，水象征着不重要也不紧急的事务。把这些事务有条理地归纳好，合理分配花费的时间和精力，就能改变混沌无序的窘境。

J和Z分别为两家大公司的负责人，事业做得都很好，每天的工作量很大，要处理的事情颇多，可他们似乎一直都是不紧不慢的，还有时间和精力去享受生活。倒是公司内部的不少员工，每天忙得焦头烂额，看样子比领导还要辛苦。有些人就好奇：问题到底出在哪儿呢？

事实上，所有的原因就可以归到工作方法上。

公司里很少有人留意J是如何运用时间的，也不知道他的工作时数到底是多少，只看到他逍遥自在。他自已透露，平时很少应酬，只参加重要客户的会议，把所有精力都用来思考，怎样才能在与重要客户的交易中增加利润，以及如何安排用最少的人力来实现这一目标？J的手上从未同时有三件以上的急事，往往都是一次一件事，其他的暂时放在一旁。

再说管理者Z，他的公司规模不大，办公室的面积也很小，都是开放式的办公间。虽然身为领导，为了便于工作，他也经常跟员工们一起办公。办公室里总是“热闹非凡”，有人打电话，有人给客户做报告，不是很安静。

Z的出色之处在于，他好像始终处在平静的绿洲中，把注意力全部集中在分内的事情上，运筹帷幄。偶尔，他会带几位下属到安静的会议室，跟他们详细解释项目的情况，以及对每一个人的要求，交代所有的细节。而后，他会要求下属重述一下自己即将进行的工作。Z的动作缓慢，看似不愠不火，但其实他是一个很有能力的领导者。他把大部分的时间都用来思索哪件事情最有价值，谁是最合适的执行者，而后紧盯着进度。

从J和Z这两位管理者身上，我们最该借鉴的就是“把时间用在刀刃上”，解决关键的少数问题，如此便能花费20%的时间，取得80%的成效。反过来说，如果一个领导者，小到购置办公用品、发放节假日礼品，大到制订战略方针，都亲自来处理，那么一天24小时的时间俨然是不够的，很可能最后弄得一团糟，筋疲力尽却不出成效。

要成为高效不拖延的人，就得掌握“二八法则”，专注重要的、有价值的事情。合理分配自己的时间和精力，避免在琐碎的事务上耽误工夫，从而让时间增值。

04.认真安排好一天的作息时间表

“任务太重了，干起活来总觉得有心无力。”

“我觉得浑身疲惫，一点都不想动弹！”

“……”

这样的心情和感受，是否觉得似曾相识？

此时此刻的Lee，就处于这样的状态中。

早上，他刚到公司，领导就交给他一个任务，嘱咐他说这件事情非常重要，必须在下班之前完成。Lee连连点头，决定把这件事认真做好。他看了一眼时间，九点整，想着还早，先把凌乱的办公桌收拾一下，这样状态会更好。可是，收拾完毕后，他却开始感到疲累，因为前一天晚上没睡好。于是，他又起身泡了杯咖啡，希望自己能打起精神。

从内心来讲，Lee是很想努力把事情做好的，可现实层面的他，却忍不住昏昏欲睡。他觉得神情恍惚，而要完成的工作又得消耗不少脑细胞，他明显感觉精力不足。焦躁不安的他，硬着头皮去做，但还是忍不住在片刻之后，就去刷一下微博，让自己“抖擞”下精神。

导致Lee有心无力、疲惫不堪的直接原因，是前一天晚上熬夜了。但让他熬夜的罪魁，是因为白天的重要工作没有完成，不得不牺牲睡眠去追赶进度。问题是，昨天的任务依靠着熬夜搞定了，今天的重要事宜该怎么办？这就如同，刚刚把自己的精力耗尽，才想起来还有亟待解决的事……如果不调整现在的工作习惯，这将成为一个恶性循环。

20世纪初，英国医生费里斯和德国物理学家斯沃伯特发现一个奇怪现象：有些患者因为头疼、精神疲倦等，每隔固定的天数都会来就诊一次。与这些患者深入沟通后，他们分析总结出一条规律：人的体力状况变化以23天为周期，人的情绪状况变化则以28天为周期。二十年后，另一位叫特里舍尔的人，又根据自己学生的智力变化分析总结出：人的智力状况变化以33天为周期。

在以上理论的基础之上，科学家们又陆续发现一些事实：人的体力状况、情绪状况、智力状况按照正弦曲线规律变化；人的“生物三节奏”中，又可分为“高潮期”“低潮期”“临界点”“临界期”。

人在“高潮期”时，心情愉悦，精神气十足，工作效率最高；人在“低潮期”时，情绪低落，容易疲劳，工作效率较低。即使在短暂的一天中，我们的体力、情绪、智力状况也存在起伏变化。专家把我们处于“高潮期”的几个时间段，称为“黄金时间”。如果能在“黄金时间”内完成重要的任务，就不容易分心，工作效率也会更高。

Lee的问题就在于此，他的精力不足，很大程度上是没有把握好工作时间内的“高潮期”，把该休息、该睡觉的时间拿来工作。到了第二天，原本应该是精力充沛的阶段，却被迫变得萎靡不振。所以，他需要做的就是，结合生理状况，把每天的时间和工作进行统筹安排，争取在精力最充沛的黄金时间内去解决最繁重的任务，减少熬夜的次数。

就绝大多数人而言，一天中有几个黄金时间呢？在每个时间段又该做哪些事呢？

7:00-9:00：此时，我们刚从睡眠中醒来，头脑处于空白时期，思路比较清晰。这时，最适合做的工作就是把一天的计划归类整理，各项事务分工。当思维处于极度清醒的状态下时，获得一天中最重要的信息，并合理安排好自己的工作时段。

9:00-10:00：这是一个重要的黄金时期，思维飞速运转，大脑活跃，这个时间最适合做难度大或重要的工作，如客户谈判，设计创造等工作。

10：00-11:00：思维逐渐达到高峰，身心都处在最佳状态。这个时间，可以把当天的会议、报告等工作，处理得很完美。需要注意的是，千万不要因为刚刚完成前一段繁重的工作，就放松懈怠。

11:00-12:00：经过一上午的工作，我们的身体会感到疲劳，此时也临近下班，饥饿感会逐渐递增，思维也比较懒散。不过，万万不可悠闲地等待下班，可以适当地回复一些邮件，整理一下资料。如有必要，还可以和同事讨论一下工作上的进程或计划。

午餐过后，大脑和身体都处于困倦状态。此时，最好稍稍休息一下，可以定个闹钟午睡一会儿，为下午的工作做准备。

14:00-16:00：经过中午的调整，状态会逐渐恢复。这短时间，也是一个黄金期，适合做高难度的任务，要把全天工作最核心的部分加速处理完毕。利用好了这个黄金时段，一天的工作基本上就有了保障。

17:00-18:00：一天的工作即将结束，各种疲劳也相继出现，在这个时间段，不适合做思考难度太大的工作，要让自己的思维得到一些放松，但身体还要继续为工作忙碌。简单来说就是，用体力上的劳动暂时转移一下精神上的疲惫，既实现了劳逸结合，又不影响正常的工作。

晚饭过后，可以静下心来，回顾一下整日的工作，写点工作总结，顺便把第二天的工作安排好，事先做个准备。

黄金时期是精神与生理恰到好处地结合的时间，如果能把它们充分利用起来，回报自然是翻倍的。而且，黄金时间在任何人的生命里都是平等的，不是你有我没有，我有他没有。在有限的时间内，让自己以最好的状态去做事，自然就能摆脱拖延的困扰。

05.学会说不，拒绝消耗自己的事

日本有位教授曾发出过这样的感慨：“央求人固然是一件难事，而当别人央求你，你又不得不拒绝的时候，亦是叫人头痛万分的。因为每一个人都有自尊心，希望得到别人的重视，同时我们也不希望别人不愉快，因而也就难说出拒绝的话了。”

简短的一段话，道出了许多拖延者的心声。这类拖延者，往往有着热情、善良、好说话的天性，面对他人提出的不合理要求，或是自己不愿意接受的事，总是抹不开面子拒绝别人，担心会伤了彼此的情谊。于是，不管时间是否允许，精力是否够用，担任别人提出请求，都会尽力伸出援手，哪怕是把自己的私人时间挪用出来，也在所不辞。

加拿大学者皮特斯蒂在拖延症研究领域颇有成就，他在《拖延方程式：今日烦来明日忧》一书中，用一个方程式形象地阐述了拖延的主因：

U（工作效率）=E（成功的期望值）V（工作收益）/I（分心度）D（拖延程度）

从这个方程式中我们可以看出，分心度的大小直接影响着工作效率的高低，两者成反比关系。分心度越大，工作效率越低。那些终日想着如何成全别人、不好意思拒绝他人请求的拖延者们，恰恰就在这里栽了跟头。他们在工作中的分心度太高，注意力被他人的各类请求分散，总是先把自己的事情先放在一边，等到换来了他人的“你真好”“谢谢”之后，再焦头烂额地去忙活自己的事。往往，此时已经耗费掉了大量的时间和精力。

欣欣是一家公司的编辑助理，有段日子她手头上的工作特别多，偏偏主管又布置了新的编审任务。她心里犹豫着要不要接，可又怕主管说自己没有承担，就硬着头皮接了下来。那段日子，可把她累坏了，没日没夜地工作，结果交上去的稿子问题还是很多。

除了对主管不敢说“不”以外，对他人也是一样。经常会有同事让她帮忙打个电话，取个快件；还有朋友在工作时间找她写简短的总结，虽然都不是什么大事，可还是会耽误不少工作时间。慢慢地，她的工作越来越多，自己已经开始疲于应对了，可还是不知道怎么拒绝，生怕突然间拒绝别人会被说闲话。

见她的状态越来越不好，同住的室友主动询问起原因来，问她是不是工作做得不开心？听闻欣欣说的那些事之后，室友劝慰她说：“我以前也和你一样，总担心一次拒绝会让人对自己产生看法，就一直委屈着自己。可后来我发现，那样真的太累了，也特别耽误事，我们的精力毕竟是有限的，拒绝再难说出口，但该拒绝的时候还得拒绝。有些时候，只要你把话说得不那么‘直接’就好了……”

善良热情的本质，永远值得尊重。但是，盲目地去做一个烂好人，却是不理智的。尤其是在工作上，如果你本身的工作量已经很大，此时再接受别人的请求，完全就是在消耗自己的时间，在给拖延创造机会。

比尔·翁肯曾经提出过一个“猴子管理法则”，大致是讲：

“每个人都应当照看好自己的猴子。如果你是一个珍惜时间的人，就不要随随便便去接别人扔过来的猴子。如果有人总是把他的猴子丢给你，而你也接受了，那么你的生活和工作会变得一团糟，因为你要花费大量的时间去照顾别人的猴子。

“如果你让每只猴子都爬到你的背上，不但对你不好，对猴子也不好。接受不合适的猴子，可能表示合适的猴子正因为缺乏关注而憔悴，但如果你说服别人照顾自己的猴子，并适时给予应有的关爱和注意，猴子就可能会变成很可爱的宠物，并带来喜悦，甚至是肯定。”

这个时候，可能很多人都会犯和欣欣一样的错误：大家都是同事，抬头不见低头见，拒绝的话该怎么说出口呢？实在是抹不开面子！对此，专家给出了这样的建议：

“虽然这个世界上到处都是猴子，但你能做的，只是挑选出一只你真正关心的即可。如果可以，让别人去照顾他们自己的猴子，如果他们不想处理，你也不应当试图解决别人的问题。偶尔伸出援手没什么，但千万不要让人以为，你可以随意接受任何人的猴子。这样的话，你才能够避免浪费自己的时间。”

学会拒绝，是对自己的尊重，也是对时间的珍视，更是成为高效能人士的要件。如果只考虑他人的感受，不考虑自身的实际情况，就会让自己“搭进去”，屡遭拖延困扰。那么，该如何拒绝他人的请求呢？

·先倾听，再说“不”

当同事向你提出帮忙的请求时，他们心中也会有某种担忧，害怕你会马上拒绝。所以，在拒绝别人之前，一定要听对方把话说完，哪怕对方刚一开口，你就知道他的意图，也要先耐心倾听。这样做的目的，是表示对其的尊重，也是在告诉对方，你的拒绝是对事不对人。

·温和坚定地说“不”

如果你需要考虑一段时间，那要明确告诉对方时间限制，不能以“需要考虑考虑”为托词，这种说法只会给人一种不靠谱的感觉。如果要当面拒绝，说“不”的态度必须是温和而坚定的，道理很容易理解，给药丸的外面裹上糖衣，肯定比赤裸裸的苦涩味道更容易让人接受。委婉表达拒绝，也比直接冷漠地说“不”更容易让人接受。

·针对要求给出建议

如果对方向我们求助，而我们爱慕能助，对方心里肯定会有些许沮丧。此时，不妨帮助对方分析一下情况，然后提出一些有价值的、切实可行的建议。这样做的话，也能够让对方感受到你的诚意。

同事之间，相互协作是好事，但前提是，先把自己的事情处理好。集中精力做好自己的工作，有富裕的时间，在力所能及的范围内，再去考虑接受别人的请求。如果真的为难，就不要勉强，因帮助他人而拖延自己的工作，这样等于舍本逐末，得不偿失。

06.只做不休的努力，带不来更多

28岁的阿水，一心热爱音乐，大学时读的也是声乐，他计划毕业后开一间音乐工作室。没想到，刚离开校园不久，父亲就病了。无奈之下，阿水只好接手家族生意。虽然有父亲的指点，也有一些前辈的帮助，可阿水每天还是要亲力亲为不少事，游走于谈判桌、饭桌，看一摞摞的报告，全国各地地出差。

阿水似乎已经没有了休息日，整天都在忙，但公司的业绩却止步不前。某个星期日的早晨，阿水坐在办公室里，看着前一天搁置的报表，头晕脑胀。没想到，父亲竟来到了公司，推门而入。看着眉头紧锁的阿水，说了一句话："不要只知道工作，也要抽空放松。"

"我也想啊，可昨天的工作还没做完呢！"阿水叹着气说。

"越是这样，越需要休息。不然，越忙效率越低。"父亲提醒他，"暂时放下这些事，给自己放一天假，去弹弹吉他，做点你喜欢的事。"

"……可以这样吗？"阿水有点儿怀疑。

"试试看吧。"父亲表现得很坦然。

那一天，阿水重新拿起了吉他，和朋友们畅快地玩了一整个下午。晚上回家后，阿水突然想明白了一些事情。原来，接手家族企业和保持兴趣爱好，也并不完全冲突。甚至，如果能够把兴趣当成一种解压的方式，也不失为一个好的选择。

再回到公司时，阿水比之前精神了不少。尽管事务依然繁忙，但阿水会主动调节心态，并请教父亲和一些元老，汲取精华。每个周末，他都会腾出至少半天的时间，用来享受音乐给自己带来的轻松惬意。

《小王子》里说："人一直走的话，是走不远的。"这个精悍的短句，道出了生活的真相：人需要劳逸结合，才能保证高效。长时间埋头在繁重的工作中，牺牲所有的休息时间，换不来更多的价值，相反还可能让我们失去更多。

生活中有不少的拖延者，他们的工作时间和休闲时间向来没有一个清晰的界限。他们很少放松，哪怕撑不住了，也逼着自己死扛。结果呢？浑浑噩噩的状态一直得不到缓解，心里害怕耽误工作进度，就强迫自己坚持，越坚持效率越低，拖延的问题也日趋严重。一旦拖延产生，又会加剧焦虑，继续给自己施压……就这样，导致了恶性循环。

心理学家在研究自我控制和休息之间的关系时发现：自我控制过度会让意志力耗竭，这种状态会导致个体智力水平下降，工作质量降低。为此，心理学家建议，人应当合理调节休息与工作之间的关系，不能一直紧绷神经、持续工作。

"文武之道，一张一弛"，这八个字，是每个人都需要的。如果总是被工作牵着走，强迫自己去忍住所有的压力，达到一定程度的时候，就会不知不觉地用拖延来控制工作的进度。其实，如果在刚开始就感觉疲惫的时候，提醒自己先停下来，调整好状态再重新投入工作，工作效率会更高，也更节省完成任务的时间。

Chapter8

拖延是持久战，唤醒积极的自己

01.拖延不都因为懒，但懒一定会拖延

生活中，不少人都有这样的烦恼：明知道自己体态偏胖、饮食习惯不好，就是懒得运动、懒得自己动手做清淡的饭菜；知道自己的PPT做得不美观，好几次决定要看教程学习，可下班后就躺在床上刷抖音，懒得去学习……这种明明知道该去做一件事，却迟迟不想动的行为，有可能就是懒惰在作祟。

英国学者伯顿在《忧郁的剖析》中写道："懒惰是极为严重的坏习惯，再聪明的人，如果有懒惰的恶习，都是非常不幸的，他最终会被懒惰打倒，成为制造恶行的人。懒惰控制着他的思想，在他的心中劳动和勤劳是没有一席之地的。此时他的心灵就像是垃圾场，那些邪恶的、肮脏的想法，会像各种寄生虫和细菌一样疯狂地生长，让他的心灵和思想变得邪恶。"

诚然，每个人或多或少都有懒惰的心理，因为人生来就有趋乐避苦的本能。只不过，有的人能够克服懒惰，有的人则任由懒惰扎根发芽，直至生成粗壮的藤蔓，缠住前行的步伐。

曾有人在意大利做过一项调查：在意大利国民中，大概有一半的人平时不参加任何锻炼、任何活动。在这些人中，有35%的男性和45%的女性属于久坐不动型。

除了意大利，英国也对人们的懒惰情况做过调查，结果显示：在家看电视时，有15%的英国人宁愿忍受无聊的电视节目，也不愿意拿遥控器换节目；有36%的人宁愿看着公交车开走，也不愿跑两步追上去；64%的父母表示，因为自己的工作太忙，平时很少有时间陪孩子，带孩子出去运动。而孩子缺乏运动和锻炼，也变得越来越懒惰，变成了一个个“小胖子”。

那么，懒惰于我们而言，到底有多可怕?

毫不夸张地说，懒惰是生活中的捣蛋鬼，有它存在的地方，就有杂乱无章，就有狼藉一片；懒惰是工作上的拦路虎，它让人得过且过、混一天算一天，变得没有责任心，没有上进心。无休止地懒下去，也许能用形式化的行为欺骗一下别人，可对自己的伤害谁也替代不了。

此外，懒惰还是人际上的破坏狂，明明是自己犯下的错误，却总要别人一起来承担责任；懒惰更是感情里的一根刺，爱情和婚姻中的两个人，本该互相体谅，互相扶持，互相关照，如果其中一个人凡事犯懒，把所有的家务、所有的压力都置于爱人的身上，再深厚的爱也会被它压垮，再乐意付出的人也会感到心寒。

生活中的很多灾难，不是别人酿造的，也不是老天刻意地为难，而是自身的惰性习惯导致的——懒得做任何改变，陷入在惰性的精神状态里，只想保持现在的样子，就算是举手之劳都拖延着不想做。你总是“懒得”去做，最后命运也“懒得”来眷顾你，懒惰的人迟早要为此付出代价。

曾经看过这样一则新闻：L从警校毕业后，被分到某看守所做狱警。他不喜欢这份工作，内心充满了怨忿，态度也很消极，能不做的事情就不做，领导没安排的任务他也不会主动承担，就算是安排到自己头上的工作，也是拖着做。

某个周末，犯人赵某的妻子来探监，她告诉赵某，他们的女儿出车祸去世了。赵某情绪波动很大，监狱长让L尽快找时间跟赵某谈谈，疏导他的情绪，以防发生意外。

L没当回事，因为各种琐事拖着没办。一周之后，当他想起这码事，来到重刑监区准备找赵某谈谈时，才得知赵某在两天前自杀了。

你能想象得到，就因为懒惰拖延，会让一个生命戛然而止吗？

人生，很多时候是一场自我与自我的战争。你想做一件什么事，想达成什么样的目的，完全得依靠自己的思想和行动力；而在执行这些事情的过程中，消极的自我总会不定时地出现，打击你的积极性、扰乱你的心智。谁能够战胜那个消极的自我，谁就是最后的赢家。

02.在试图享受安逸时，敲打一下自己

旧时的蒙古战马，为了抵御蚊子的攻击，常常逆风奔跑，用速度甩掉蚊子的纠缠。其实，懒惰也跟那些蚊子一样，吸取我们的血液，生命的精华；但它比蚊子更可恶的是，没有任何的声响，不痛不痒，甚至还会带来快乐的假象，耽误我们的一生。

曾有人问一位在寺庙修行的僧人："为什么念佛时要敲木鱼呢？"

僧人说："名为敲鱼，实则敲人。"

那人不解，追问道："为什么是鱼而不是其他动物呢？"

僧人大笑，答："鱼是世界上最勤快的动物，它每天游来游去，眼睛一天到晚都要睁着，连勤快的鱼都要这样时时敲打，更何况是懒惰的人呢？"

要战胜拖延，就得先从心理和行动上克服懒惰。如果懒惰的情绪一直存在，人就会处于一种空想的状态，做什么事都会觉得"懒得动"。想甩掉拖延，就要学会与懒惰的本能作战，在试图享受安逸的时候给自己提个醒。

周六早上，安娜定的闹铃准时在七点钟响起，这比工作日整整晚了半小时。

其实，在生物钟的作用下，安娜六点半就醒了，但她知道如果这个

点让自己起来，可能心理上会有点失衡：毕竟是周末啊，为什么不让自己多睡儿呢？所以，她特意把周末的闹铃定在7点钟，利用多出来的半个小时，给自己找点心理安慰。

别小看这半个小时，真的很管用。当安娜感觉心理平衡时，一天的状态都会很好；如果一大早上就不开心，满腹怨气，往往会影响更多的事。

安娜给自己制订了读书计划，每周六都要去图书馆。最初的两个星期，她都坚持得很好，可到了这个星期，可能是因为工作太忙了，她就有点儿犯懒。外加，她看到窗外还下着雨，那个懒惰又拖延的影子瞬间就跑了出来。

安娜在心里默叨："要不，明天再去吧？今天下雨，路也不好走。"当这个念头冒出来后，她马上意识到了，极力想要抗击惰性的他，又开始拼命阻挡这种拖延的发生。安娜起身收拾好东西，提醒自己："别犯懒，明天还有明天要看的书。今天如果不去，读书的计划就落下了，一天能读不少东西呢！下雨也没事，就几站地的路程，说不定今天人还少呢！"

就这样，十几分钟后，安娜坐上了开往图书馆的公交车。

从现在开始，不要再把懒惰当成小事，当你放任了它的随意，它就会在你的身体和思想中扎根；懒惰的人还有希望改变，知而不行的人则是无可救药。

记住歌德说的话："我们的本性趋向于懒怠，但只要我们的心向着活动，并时常激励它，就能在这种活动中感受到真正的喜悦。"

03.和什么样的人在一起，真的很重要

一位生物学家经过一家农舍，看到鸡舍的鸡群里赫然站立着一只鹰，他觉得很诧异，就问农舍的主人："为什么鸟中之王的老鹰，竟会沦落到与鸡为伍的地步？"

农场主说："我只是把它当作一只鸡来饲养，让它吃鸡饲料，和鸡群待在一块。它根本不知道自己是一只老鹰，现在它一点儿都不会飞了。"

生物学家对农场主人的话半信半疑，他认为，老鹰应该具备飞翔的能力。于是，他请求农场主人借用老鹰做一个试验，看看老鹰到底还会不会飞？农场主觉得有趣，就答应了。

生物学家把老鹰轻轻地放在手臂上，然后慢慢念道："你属于无际的蓝天，不属于狭小的鸡舍，快飞起来吧！"老鹰的爪子在生物学家的胳膊上微微颤抖，左顾右盼，一脸疑惑。随后，它看到一群鸡在地上啄食，立刻就跳下去与它们争抢食物了。

生物学家并不死心，它毕竟是一只老鹰，怎么可能不会飞呢？之后，他又把老鹰带上屋顶，将其赶到屋檐的边缘，怂恿它飞。他以为老鹰会飞向蓝天，不料它只是张开翅膀，再次朝着鸡群处扑去。

如果你也为故事里的老鹰感到悲哀，那你应该看懂了故事背后的隐

喻：生活在怎样的环境，就会被身边的圈子所影响；和怎样的人为伍，直接影响着人生的轨迹。因为，人是唯一能够接受暗示的动物。这也是古人讲的："近朱者赤，近墨者黑。"

上大学以前，李辉像只忙碌的蜜蜂，每日都是天刚破晓便起床了，开始计划一天的学习任务。经历了一年的大学生活后，李辉却和过去判若两人。他变得懒懒散散、无精打采，踩着点上课，没课的时候就睡到中午才起床……是什么把李辉变成了这样呢？

原来，李辉的几位室友，特别喜欢睡懒觉，哪怕早上有课，也满不在乎，闹钟响了又关，关了又响。起初，李辉还能够做到不受干扰，按时按点地起床、吃饭、上课。久而久之，看室友们不去上课，也能混当一个学期，考试也可以通过，李辉也就松懈了。偶尔，他即使醒了，也会赖在床上刷微博、玩游戏，一直等到室友们都起床才动身。

与怠慢懒惰的人待在一起，身处消极的环境中，都会让我们在不经意受到负面影响。相反，如果跟积极上进的人多相处，也会潜移默化地提升我们的行动力。网络上盛行一个说法："把你身边5个人的收入加起来，再除以5，就是你的平均收入。"其实，这番话要表达的意思就是，圈子决定人生。

朋友晓苒的工作室，去年多了一位合伙人。那位合伙人雷厉风行，执行力特别强。有时候，他跟晓苒提出一些想法，晓苒本以为只是设想，脑子里还在犹豫，而合伙人已经把这个设想当成目标去执行了。

好几次，晓苒都感觉跟不上合伙人的脚步，也想着逃避和拖延。因为，每一次新的尝试，都是一个挑战，让她感到很不舒服。但是，和这样的队友在一起，晓苒的节奏不自觉地被拉快了。很多时候，容不得她反复犹豫，就必须得配合对方一起行动。

原来的晓苒，一直患得患失，脑子里的想法很多，但总是瞻前顾后，不敢去做。现在，周围人都能够感觉到晓苒变了，做决定时变得果断了，不会再反复地瞎琢磨、乱担忧。晓苒说，多亏了自己的合伙人，跟这样积极的伙伴在一起，不由自主地想让自己变得更好。

看到这里，我们都明白，想让人生不平庸，要尽量跟优秀的人为伍，跟懒懒散散的人保持距离。无奈的是，现实不能尽如人意，尤其是在学习和工作的圈子里，不免会遇到一些懒散的人，这时候，我们该如何提升“免疫力”呢?

·不去关注偷懒的人

罗宾斯说过：“我们会花更多的时间去关注那些偷懒的同事，而不是专心于自己的工作。”

当周围有人处在浑浑噩噩的状态中时，无论他在做什么（聊天、吃东西、打瞌睡、玩手机），都要假装看不见。最好的办法就是，专注自己所做的事。当你成功地不受他人影响，完成了一项任务时，你会涌出一种成就感，这种美好的感觉会强化你远离拖延和懒惰的信念。

·不被懒人的言行诱惑

懒惰的人，在做事的时候经常会找借口偷懒，一会儿喝杯咖啡，一会儿去厕所，一会儿刷刷网页，甚至还会打扰身边的人。如果对方找你闲聊，千万不要被诱惑，要坚定地回复：“我还有事情没做完，回聊。”一旦你被他诱惑，陪他闲聊，当时不会感觉怎样，但事后就会尝到拖延的苦楚。

· 不跟懒散的人比较

当我们卖力地做事时，看到周围有同事在偷懒，这时千万不要有“别人不做，我也不做”的想法。每个人的工作都是为自己而做，如果总是跟那些懒惰的人比较，会影响做事的心态。

· 跟懒惰的人划清责任

跟懒惰的同事合作是最要命的事，如果偏偏不凑巧，你所在的团队就有这样的懒人，那在工作之前一定要先做好分工，且让团队里的其他人都知道懒人负责的哪一个环节。如此一来，一旦出现问题，他就很难把责任推给其他人。如果因为他的拖延没把工作做好，大家都心中都有数，无辜的人也不会受牵连。

04.想要甩掉拖延，先甩掉消极的情绪

有句话说：“每个人都会遭到两支箭的攻击：第一支是外界射向你的，它是我们经常遇到的困难和挫折本身；第二支是自己射向自己的，它就是因困难和挫折而产生的负面情绪。”

心理学上将我们产生的焦虑、紧张、愤怒、沮丧、悲伤等对我们产生消极影响的情绪统称为负面情绪。负面情绪和正面情绪一样，都属于正常的情绪反应，但它会引起身体、心理、社会功能方面的不适与障碍，让工作和生活无法顺利进行。

美国学者艾伦·贝克在1985年曾经提出，感觉与思维之间有着密切的关系：“当我们情绪低落时，我们的思维和回忆总是向坏的方向发展，结果导致情绪更加阴暗。思想变坏之后，情绪又跟着变坏，从而进入一个越来越抑郁的下降螺旋。”

情绪是思维的催化剂，思维能力可以通过情绪的调节而显示出更高的效应，人也会因此显得更聪明、更能干。积极的情绪可使人精神振奋、想象丰富、思维敏捷、富有信心。消极的情绪则使人感到学习枯燥无味、想象贫乏、思维迟钝、心灰意懒。

95后姑娘若琪，一直都很情绪化。上班之后，这种情况变得更严重，经常莫名其妙地烦躁，可又不敢在办公室里跟同事抱怨，害怕被上

司发现。每次坏情绪上来，她就打开微信，在群里跟一帮朋友唠叨，诉说自己的“不幸遭遇”。

某日，她跟朋友抱怨：“什么事都让我干？！真烦！”值夜班的同事请假了，上司要她顶替那个人值班；“别人不愿意干的事，都扔给我了！”一个“难缠”的客户来了，要她陪着笑脸去接待。“为什么倒霉的总是我？”她愤愤不平地敲打着键盘。

屏幕另一端的朋友们也开始“支持”她，跟着一起抱怨各自在公司里的“不幸遭遇”。似乎只有一位朋友劝慰说：“想开点儿，能者多劳嘛！这说明你有本事，领导重视你，干得多提升的机会也大啊！”

不过，这番话并没有化解若琪心里的怨气，她依然振振有词：“他们让我干的，全是些费力不讨好的事。你们不知道，我们公司只有那些会溜须拍马、阿谀奉承的人才有升职加薪的机会……我这样的？算了，就是个倒霉蛋。”

这不是她某一天的状况，而是一种常态。她平日里工作得很不愉快，经常抱怨来抱怨去，每天不发泄两句，心里就憋屈得慌。抱怨的时候，工作摞了一大堆，等到发泄完了，还得加班加点去处理拖延酿成的恶果。所以，若琪经常把自己弄得焦头烂额。

回想一下，你在工作中有没有过和若琪一样的情况？或者说，有没有说过类似这样的抱怨话：“凭什么苦活都让我干，风头总是他们出？”“跟一群小人共事，真是倒霉！”“每次都遇见抠门至极的老板！”“真是倒霉，当初怎么就心甘情愿到这儿来上班了”……总之，消极的情绪占满了脑海，什么事情都懒得做？

然而，这样任由负面情绪蔓延有用吗？能改变什么吗？心理学家一致认为：提出什么样的问题，就会得到什么样的结果，把自己看成什么样的人就会成为什么样的人。如果你总在问自己“为什么我这么倒霉？”那你就是在命令大脑搜索出“我是一个倒霉蛋”的证据；如果你总是追问“为什么上司不喜欢我？”那你就会想到上司对自己的种种批评和不满，更加确信“上司就是不喜欢我”就是事实。

工作就跟人生是一样的，平坦起伏交错，幸福和不幸交替着。面对那些工作上的小意外，那些临时安排的、“空降”的任务，不妨将它们当成一种考验心智的小测试，不要让情绪受到太大的干扰。另外，还要注意自我提问的方法，尽量做一些积极的、快乐的问句，比如：“我该怎样处理这个问题？”“这件事真有那么难吗？”“我从这次错误中要吸取哪些教训，如何避免类似的事情再发生？”等，当你习惯了这样去想问题，注意力就不会停留在负面的情绪上，而是会积极地采取行动。

话说回来，当我们投身职场的那一刻起，就应该明白一个事实：工作不是度假，也不是娱乐活动。想通过工作获得收入、实现自我、赢得成功，必然要付出一定的代价，如面对难题时的无助、纷繁琐碎的事务、不可避免的挫败……这些东西是每个人都要经历的，谁都不例外，唯一的区别就在于，你选择什么样的心态去看待？

在调整心态的同时，也要学习用合理的方式发泄负面情绪。比如，向自己的好友或伴侣倾诉一番。如果你不喜欢向身边的人诉说不快的话，也可以通过文字的形式记录下来。

研究证明，人在做自己喜欢的事情时，大脑会分泌多巴胺，这种激素可以让我们更加快乐。感到情绪不好时，不妨先停下脚步，去做一点自己喜欢的事。爱运动就去健身房，喜欢美食就去街头巷尾满足味蕾。掌握有效的方法，及时疏解消极情绪，有助于恢复良好的状态。

05.没有卑微的工作，只有卑微的态度

M出身在一个偏远山区，家境贫困，没接受过太多的教育，成年后就外出打工了。

既没有学历又没有工作经验的M，最初连一份看门的工作都找不到。心灰意冷的他，准备买火车票回家时，意外结识了一个老乡。经过一番交谈，老乡很同情M的遭遇，决定把他介绍到自己所在的公司上班。

在老乡的引荐下，老板决定让M在公司当保安。刚开始时，M激情满满，每天上班都精神抖擞，状态很好。时间久了以后，M每天看着门口进进出出、来来往往的人，心里开始“不平衡”：有些人和自己年龄相仿，却是西装革履、满脸神气，而自己却拿着最低的工资做一个门卫，偶尔还要忍受别人的颐指气使。

M越想越觉得无趣，不知道今后的人生是不是一直都要如此？渐渐地，他的思想开始滑坡，对待工作也不如以前那么认真，能偷懒的时候就偷懒。

有一天，某员工的妻子因为一些家务事，到公司来找丈夫。M没有多想，就把人放了进去，根本没留意对方当时的情绪有些异样。结果，那个女人进了办公室后就开始大声喊骂，声音惊动了所有人。

按照往常，遇到类似的情况，如果M能细心一点，发现来者情绪不

太对劲，大可打电话把她要找的人叫下来。这样的话，就不会发生后来的事。可当时的M，完全心不在焉，想都没想，就把人放进来了。这一幕，大家在监控里全都看到了。就这样，M因失职被辞退了。

管理咨询专家梦迪·斯泰尔在给《洛杉矶时报》撰写的专栏中，写过这样一段话：

“每个人都被赋予了工作的权利，一个人对待工作的态度决定了这个人对待生命的态度，工作是人的天职，是人类共同拥有和崇尚的一种精神。当我们把工作当成一项使命时，就能从中学到更多的知识，积累更多的经验，就能从全身心投入工作的过程中找到快乐，实现人生的价值。

“这种工作态度或许不会有立竿见影的效果，但可以肯定的是，当‘应付工作’成为一种习惯时，其结果可想而知。工作上的日渐平庸虽然从表面看起来只是损失了一些金钱或时间，但是对你的人生将留下无法挽回的遗憾。”

故事中的M，突然从闭塞的山区来到城市，看到同龄的年轻人与自己的处境完全不同，内心产生了不平衡感。他开始看不起自己的工作，认为门卫的工作是卑微的，在错误认知的影响下，开始对工作懒懒散散、漫不经心。

其实，很多拖延的人内心都有类似的症结：他们热衷于谈论“诗和远方”，把眼前的工作和生活视为“苟且”。在他们看来，理想的生活就应该是抛弃所有的苟且，在远方过着诗一样的生活。然而，真的可以那么理想么？现实告诉我们，那些放弃了眼前盲目去远方寻找生活的人，到头来得出的结论是：过不好眼前的人，到了远方还是苟且。

某公司一位硕士毕业的员工说，他跟一位同学同时进的公司，两个人能力不相上下，当时他的月薪是8000块钱，对方的薪水却是1万元，这让他心里很不平衡。每次领导交代工作，他都会想起薪水的事，做事漫不经心，拖拖拉拉，还频繁出错，要是不这么干的话，总感觉心理不平衡，好像吃了多大的亏。

这样的做法，从长远来看，真的很不明智。他用敷衍的态度去对待工作，失去的并不仅仅是那2000块钱，还有学习的机会和晋升的空间，留下的却全是粗陋的坏习惯，给自己将来的成长制造障碍。

当你看不起工作，懒散拖延的时候，你不是在敷衍工作，而是在敷衍自己的人生。因为，生活中的每一份工作都值得去做，万丈高楼平地起，没有一砖一瓦的砌垒，就不会有高耸于都市的楼宇，伟大的事业都是由平凡的工作汇聚起来的。

有句话说得好："如果生活离开了热情，那么任何人都算不得什么；一旦生活有了热情，任何人都是不容小觑的大人物。"脚踏实地是成功的基石，与其幻想着有一天做出轰轰烈烈的成绩，不如满怀热情地做好手头上的小事，这才是真正的务实。

06.及时地褒奖自己，保持做事的动力

在法国的一个大葡萄庄园里，庄园的主人正在向给他做事的工人们解释："由于目前我的资金链出现了点问题，所以可能要晚些支付你们的报酬了，希望大家理解。"

工人们听到这个坏消息，开始小声议论起来。一位叫班纳特的工人，对他的同伴说："我们还不如去别的地方打零工。"同伴回应说："别的地方已经不招零工了，而且他这里的待遇算是最好的了。"班纳特开始埋怨："工钱都拿不到，有什么意思？"他提议说，"干脆我们就放慢干活的速度，他迟早会受不了拖沓的节奏，付了工资让我们走人。"

随后的日子里，所有的工人都变得懒懒散散，一边干活边闲聊，干1个小时休息20分钟。一项本该在两天内就能完成的任务，被工人们拖延到第五天才结束。庄园主人知道后，并没有责怪工人，反倒是在第六天宣布："我虽然支付不了大家的工资，但为了感谢大家这段时间里辛勤的付出，明天中午想邀请大家在后花园聚餐，全体员工带薪休假半天。"

这样的慷慨做法，让班纳特和其他工人们释怀了心中的苦闷，他们私下里感叹道："这个庄园主人挺够意思的，看来咱们得好好干了，不能

辜负这样的人。”

看到这里，不知道你有没有意识到一个问题？很多时候，拖延是因为没有及时得到回报，或是内心的需求没有得到满足。比如，任务刚完成了一半，就想去看比赛、玩游戏，可心里又知道，现在是工作时间，事情还没有做完，不能停下来满足娱乐的欲望。这个时候，拖延就产生了，它的出现就是为了满足当下这一刻的放松需求。

聪明的庄园主人，自然看到了工人们拖延懒散的状态，也知道他们是因为无法按时拿到报酬感到沮丧，才用这样的方式来找寻平衡。为此，他立刻想办法，及时给予工人们奖励，让他们找回工作的动力。

事实上，在克服拖延的过程中，奖励的措施是不可或缺的，它能够激励个人做出正确的行为，属于一种强化手段。这种办法是有科学依据的，它是心理学家斯金纳用8只鸽子进行实验后，最终得出的结论。

实验的最初，斯金纳只给鸽子喂很少的食物，让鸽子处于一种饥饿的状态中，以增强它们觅食的动机，让实验效果更明显。随后，他把鸽子放进了专门设计的箱子中。这个箱子里有食物分发器，设定每隔15秒就会自动放出食物。为此，不管鸽子在做什么，每隔15秒就能得到一份食物，这是对它们之前行为的一种强化。

接下来，斯金纳让每只鸽子每天都在试验箱里待几分钟，对其表现出来的行为不做任何限制，只是观察和记录它们的行为表现，特别是在两次食物放出期间的行为表现。结果，一段时间后，鸽子在食物发出之前的时间里，做出了一些奇怪的误导行为：有的在箱子里逆时针转圈，有的反复将头撞向箱子上方的一个角落，还有头部前身、身体大幅度摇摆。

斯金纳认为，鸽子的这些行为是强化的结果。在鸽子的理解中，是因为它们做出了这样的行为，才有了之后的奖励——食物。为了再次得到食物，它们就更加努力地表演。为了证实这种假设，斯金纳后来停止向箱子里投放食物。起初，鸽子还是会一如既往地表演，但渐渐地，它们发现无论怎么表演都不会有食物时，就停止了那些动作。

斯金纳认为，人或动物为了达到某种目的，会做出一定的行为。这种行为的后果对其有激励作用，这种行为就会被强化，在以后的时间里反复出现。如果这种行为的后果为其带来了损失，这一行为可能会减弱或消失。

有些人总认为：只有完成所有的任务之后，才能给自己放假。其实，大可不必如此。我们完全可以在工作之中穿插放松和休息，及时给自己一些小奖励，得到那一份愉悦感，让自己知道所有的努力和付出是值得的，以便更有动力去完成后续的任务。

奖励的方式有很多种，这里推荐几种常见的有效方法，以供大家参考：

· 特殊满足感奖励

你可以给自己制订“周计划日程表”，跟踪记录每天的实践情况。每当在达到目标的方向上实践半小时后，就在计划表的表格上涂掉半方格。随着被涂掉的半方格越来越多，内心的满足感会越来越强。因为，表格中的颜色将变成成功的经验，激励我们继续前进。

利用这种方法，无须强制性要求自己什么时候开始工作、要工作多长时间，只要每天抽出时间工作一会儿，就能够得到“半方格”的奖励。这种心满意足的感觉，会把我们紧紧包裹，继而让拖延的欲望变得越来越淡。

·社交奖励鼓舞法

在克服拖延的过程中，每完成一个阶段性的目标，都可以给自己一些社交奖励。比如，给朋友打电话聊聊天，出去约见一下；在结束一天的工作后，跟家人去看一场电影；在完成一个大项目后，给自己安排一次旅行。

·借口化为奖励法

当我们想拖延不去做一件事时，可能会找借口说“我饿了”，这个时候要提醒自己说：先做两个小时，做完后再去吃东西。如此一来，拖延的借口就被转化成克服拖延的奖赏。

需要说明的是，我们不是为了拿到奖励才工作，而是为了工作本身而工作。我们给予自己的奖励，是为了褒奖自己的努力与坚持，以及在执行任务中完成的每一个步骤，而不是最后的完成与结果。因为，在拖延的情况下，也可能完成任务，而我们真正想要强化的，是那个正向的行为，即不拖延。

07.设置合理的期望值，减少负面体验

1964年，北美著名心理学家维克托·弗鲁姆提出了一个“期望效应”，意指人们之所以能够从事某项工作，并愿意高效率地去完成这项工作，是因为这些工作和组织目标会帮助我们达到自己的目标，满足自己某方面的需求。

有人渴望在单位里升职加薪，所以毫无怨言地努力工作；有人希望保持曼妙的身材，所以坚持不懈地运动；有人想拿到全勤奖金，所以连续一个月都没有迟到……这些人为什么不犯懒、不拖延呢？原因就是，他们心存一份期待，这份期待消除了他们在工作和生活中的消极情绪与各种心理不适，并激发其内在对所做之事的热爱，从而自主自愿地做好该做的事。

马斯洛的需要层次理论告诉我们，人在不同的情况下，欲望和需求不一样。正因为此，人们才会努力去满足自己的需求，并为了满足需求而做出特定的行为。有期望就会有动力，有动力就不会轻易犯懒。从这一点上来说，要避免荒废时光，就要学会用“期望效应”来激励自己远离拖延和浑浑噩噩的状态。

静下心来想想，你最想要的是什么？如果你渴望拥有幸福的家庭，那就要抽出时间去用心经营；如果你渴望在事业上出类拔萃，获得巨

大的成就感，就要提升抗打击的能力，适应在高压下高效率地工作；如果你希望成为一个具备组织能力的人，就要多参与一些类似的培训和学习，而不能坐等机遇到来。只有带着期望上路，才能走出迷雾和停滞不前的窘境。

人们常说，生活得有“奔头”，这个“奔头”是什么呢？其实，“奔头”说的就是期待和希望。弗鲁姆指出，某一活动对某人的激励力量，取决于他所能得到结果的全部预期价值乘以他认为达成结果的期望概率，即：

M（激励力量）= V（目标效价）× E（期望值）

在弗鲁姆看来，当一个人有需要并且能够通过努力满足这种需要时，他的行为积极性才会被激活。换而言之，如果期望过高，就很难达到所期望的结果，那么期望带来的激励效果也会大打折扣。只有期望值适度，才能有效地调动积极性，激发出内在的潜能。

Karen说，在外人眼里，他是一个不着调的人，做什么事都没有长性，好像就是在混日子。可实际上，Karen并不是那种没有追求的人，如果真如他人所言，什么都不在乎，他也就不会想要通过咨询的方式来缓解痛苦的情绪了。真实的Karen，是一个特别要强的人，他太渴望变好，太渴望不凡，于是给自己定了许多目标。无奈，结果却因各种问题受挫，使得内心的激情和动力，全被磨灭了。

Karen这样的情况，在现实中并不少见。一个女孩本科毕业后，在一家互联网公司上班，福利待遇都不错，她在那家公司做了三年，之后就放弃了高薪的职位，决定自己创业。然而，在创业的大概率数据中，九死一生的情况应验了，她创业失败了。

这件事发生后，女孩特别消极颓废，每天沉浸在自责与痛苦中，无法原谅自己。这次创业，把她之前积攒的存款全都赔了进去，她很疼惜。可是，生活还在继续，虽然很难过，但也得想办法谋生。这个时候，问题出现了。她眼光很高，把自己看得特别重要，一般的职位看不上，好的职位又怕自己做不来，因为失败的阴影酷困扰着她。

置身于纠结中，女孩创业失败后整整一年半，都拖延着没有上班，一直处于消沉中。后来，在朋友的支持与咨询师的帮助下，她意识到了自己眼高手低的问题，接纳了现实。之后，她找了一份差不多的工作先做着，告诉自己慢慢来。果不其然，心态和观念转变之后，她做事比过去更踏实了，能力也逐渐凸显出来。

结合这两个生活案例，我们不难总结出：那些拖延消沉的人，经常三天打鱼两天晒网，往往是因为期望值不合理。这就好比，一个业务员经常只拿到底薪，却总想着一夜之间签个大单变身成创业的老板，这种期待在短期内实现的概率太低。有想法、有追求是好事，但尊重事实也很重要。

那么，如何给自己设定一个合理的期望值呢？

· 客观地认识自己，复盘优缺点

如果一个人，任何的努力都没有付出，却总抱怨自己怀才不遇，这就是对自己缺乏正确认识的表现。他们期望达到的目标太高，导致不断受阻。要客观地认识自己，一方面要真实地剖析自己的优缺点，另一方还要跳出自己的视线，从周围家人、朋友、同事等人的意见中认识真实的自己。有了正确的认识后，再给自己设定与能力相符的目标。

·合理的期望是踮起脚尖能够得着

在为自己设定期望值和目标时，一定要遵循这样一个原则，即踮起脚尖能够得着。这样既能给潜能的发挥预留出充分的空间，又能避免因期望值过高而无法达到，可谓一举两得。

最后要说的是，消极的情绪和行为会让人“上瘾”，容易破罐子破摔；而积极的期望和微小的成功，却会给人带来鼓舞和激励，享受到战胜惰性、战胜自我的快乐。当美好的体验积累得越来越多时，积极的行为就会得到强化，也更容易克服消沉与拖延。